子どもの心が見えてくる

エリクソンに学ぶ

佐々木正美

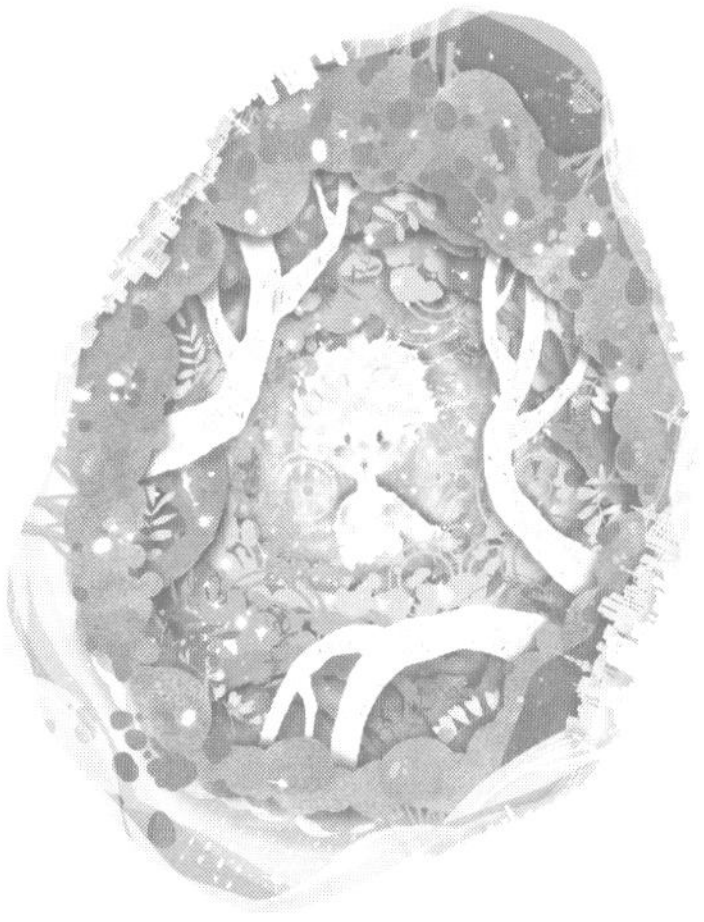

ゆいぽおと

佐々木正美先生と私

一般社団法人日本知育玩具協会
木のおもちゃカルテット
藤田　篤

「この本は出版され続けなければならない」

在りし日の佐々木正美先生を思い出すたびに、その思いが日に日に強くなることを、私は感じていました。

本書のもとになっている「子どもの心が見える本」(子育て協会刊)を初めて手にしたのは二〇〇一年。その当時、私は佐々木先生とともに「子育てをめぐる状況が未来にはより良くなってほしい」という一心で勉強会を続けていました。佐々木先生が語られた「子どもが幸せになれない」状況が、過去のことになっている日が来ることを願って。

子育てサークル、保育士研修、その他さまざまな学び方で「子どもの心が見える本」を用い、E・H・エリクソンのライフサイクル理論に学ぶ読書会を開き、幸せな子育てと幸せな人生について学び続けました。二〇一四年になり、佐々木先生の監修をいただき、日本知育玩具協会の講座を開講してからは、おもちゃと絵本の与え方を学ぶ前に、土台となる心理学を「子どもの心が見える本」をテキストとして学んできました。

ところが二〇二〇年、私たちが全く想定していなかった「コロナ禍」に見舞われることになります。乳幼児も小学生もその親も、どれほどの不安のなかにいることでしょう。こんなときだからこそ、幸せな子育ての道しるべが必要とされています。その道しるべとなるのに何よりふさわしいのが、佐々木正美先生の「子どもの心が見える本」なのです。講座があるごとに、私は受講生とともに読み返します。そして、このなかで語られている佐々木先生の一つ一つの言葉が、より力を増し、皆さんの必要に答える力を持っていることに気づかされるのです。

「この本は出版され続けなければならない」

本書による子育てへの「道しるべ」が、今こそ必要とされているのです。

私が佐々木正美先生に初めてお会いしたのは神奈川での勉強会の会場でした。一週間の保育を終えた保育士の皆さんが会場いっぱいに集い、佐々木先生のお話を今か今かと目を輝かせて待っておられ、そこは圧倒されるほどの熱気で溢れていました。

佐々木先生は、駆け込むように会場に入ってこられると、休む間もなく講壇に向かわれ、「ありのままに子どもを受け入れ信じること」の大切さを時間いっぱいまで、おだやかに温かく、そして力強い言葉で説き続けられました。

研修の後、愛知での勉強会においでいただきたいとお願いした私に、佐々木先生は深くうなずかれた後、申し訳なさそうに分厚い手帳をお開きになり、「ここに予定を書き込んでいるのです。これから研修の予定を入れられるのは今から三年後からになるのですが、よろしいでしょうか？」と、丁重に手帳のいちばん後ろの方を開いて見せてくださりながらおっしゃったのです。当時すでに、先生のご予定は三年先までぎっしりでした。私は佐々木先生から直接学べる日が来るのならば、「その日まで待とう」とお会いする前から決めていました。そして、まさにこの日から三年後、愛知で佐々木先生をお招きしての勉強会が始まったのです。

佐々木先生は、私が「木のおもちゃカルテット」をオープンしたことを、たいそう気にかけてくださいました。小さな店にもかかわらず立ち寄ってくださり、「こんな楽しいおもちゃがうちの子の子育てのときにあったらねえ」とお言葉をくださったのが、昨日のことのようです。そして「私が応援しますから、勉強会にはたくさん受講者を集めてくださいね」と何度もおっしゃいました。

母親、保育士の皆さん分け隔てなく一緒に、佐々木先生から学んでいただきたいというのが、私の願いでした。そして数百人の受講生の皆さん、母親、保育士、分け隔てなくホールを埋め尽くし、肩を並べて佐々木先生のお話を伺う、という私たちの勉強会のスタイルが実現しました。佐々木先生は毎回のように「こんなふうにお母さんと保育士さんが一緒に子どものことを勉強するべきなのですよ」と、母親と保育士がともに学ぶことの大切さについて語ってくださいました。

講演開始を待つ控室ではたびたび「児童精神科医は、患者に影響を与える前に、まず患者によって自分が変えられないといけないのです。医者が患者によって変えられるほどに患者を受け入れてはじめて、医者が患者を変えることができるのです」とおっしゃっていました。そして「母親も保育者も心底、子どもの声に耳を傾けないといけないのです」と。

勉強会の終わりには一人でも多くの受講者の方の質問に答えたい、それが佐々木先生のお考えで「そちらの方、どうぞ」「あちらの方、どうぞ」と次から次へと先生ご自身がご指名なさり、丁寧に時間をかけてお話しくださるので、お帰りの時間を心配させられるのが常でした。「その後ろの方、ご質問をどうぞ」と、最後の勉強会でさえ質問をお受けになり、受講者の声に耳を傾け続けたのです。

子育てで追い詰められ、切羽詰まって取り乱した母親からの質問もありました。極端に感情的だったり、ときには支離滅裂にしか聞こえないような質問だったりしても、先生は丁寧に耳を傾け、お聞きになりました。そして常に子どもの立場に立ち、ときに厳しく、率直なご助言を最後まで続けられました。

佐々木先生（二〇一七年逝去）がお亡くなりになる数週間前のできごとを、ずっと後になって伺いました。なんということでしょう。病床の遠のく意識のなかで「その後ろの方、ご質問をどうぞ」とうわごとのようにおっしゃられたというのです。最後の勉強会の最後の質問にまで、先生はご自身の命を懸け、心に留め続けていらっしゃったのです。

子どもの幸せのために人生をささげられた佐々木正美先生の子育てへの愛情と、熱い思いが一人でも多くの子どもの幸せにつながるよう、この本を多くの方に手に取っていただくことを心から願っています。

子どもの心が見えてくる　―エリクソンに学ぶ―　もくじ

一　人間の発達

本書は子育て協会刊行「子どもの心が見える本」「佐々木ノート6・エリクソンに学ぶ」をもとに編集しています。
「子どもの心が見える本」は二〇〇〇年七月開催の佐々木セミナーでの講義を、「佐々木ノート6・エリクソンに学ぶ」は一九九六年開催の佐々木セミナーでの講義をそれぞれまとめたものです。
一部重複する内容がありますが、エリクソンの発達論をより深く理解していただくために必要と考え、そのまま掲載しています。

EriK Homburger Erikson　(1902 ～ 1994 年)

　ドイツ生まれ。精神分析学者。アンナ・フロイトに教育分析を受ける。1933 年渡米しハーバード大学等で学んだのち、イェール大学医学部教授。1939 年カリフォルニア大学児童福祉研究所に移り、1946 年から 50 年にかけて有名な『幼児期と社会』を著す。

子どもの心が見えてくる

―エリクソンに学ぶ―

佐々木正美

一　人間の発達

子どもは、わずかの人の手によって密室的に育てられるより、地域社会の大勢の人のなかで成長するのが望ましい。

エリクソンとの出会い

エリクソンは私の臨床的な仕事の出発点のようなところがあります。

一九七〇年代、子どもの精神医学の臨床訓練を受けにカナダに留学したときに、二人の教授からエリクソンを入念に学ぶ機会がありました。一人は児童精神科の主任ヘイミッシュ・ニコル教授で、私たちレジデント六人に、実に緻密、真摯に、半年間エリクソンを講義してくださいました。

もう一人は私の指導教授カール＝クライン教授で、随所にエリクソンを語りながら、児童精神医学のレクチャーやセミナーをしてくださいました。精神分析の専門家であるクライン教授は、エリクソンと親しく一緒に学び合ったことがあるのです。ですからオーソドックスな講義ではうかがい知ることのできない私的なこと、書物や論文には書かれていない考えをたくさん聞くことができました。ヘイミッシュ・ニコル教授の堅実な講義に、カール＝クライン教授がエピソードを交えて豊かに肉付けをしてくださったのです。

人間は、ライフサイクルをこのように生きると、健康に生き生きることができて、その反対の生き方が、いろいろなところで挫折をしたり希望を失ったりしてしまうことになるという、実に見事なモデルを教えられました。

そのときは、漫然とそういうものかなと思っていました。ところが、帰国して日本で精神医学の臨床を本格的に始めてみると、そのモデルがいかに素晴らしいものか、そのモデルに従って人生を歩んでいく、あるいは相手の歩みを調整していくと、本当に人間は生き生きとしてくるということを具体的に教えられたのです。

発達の順序性

クライン教授は説明なさいました。人間が発達していくプロセスには必ず順序性がある。だから首のすわらない赤ちゃんに、どんなに訓練をしても寝返りは打てない。寝返りの打てない赤ちゃんに、おすわりやはいはいなどは期待することもできない。

首がすわること自体が、寝返りを打つための準備――次の発達へのトリガー（引き金）になっているのです。準備状態ができていなければ次の状態は達成されません。順序性というものはとてもはっきりしているのです。

こういう言い方もされました。算数の勉強とよく似ている。前の段階が習得されていないところに、次の段階は絶対教えられない。整数の概念ができていない人に少数や分数を教えることは不可能だということです。

首がすわらなければ寝返りは打てないということは、目で見えることなのでわかりやすいのですが、人間の社会的人格の成熟という側面は、非常に内面的なものなので、人が見失いがちなのです。

基礎工事の手抜き

人間は苦しいときにはいろいろあがきますから、一時的に見せかけの前進のようなものもあって、こんなことはどうせできるようになるさと思わせることもあります。けれども、それは基礎工事ができていない建物のようなものです。いい加減な手抜き工事を進めていくことはできます。無理に柱を立てて、壁を塗って、急いで屋根を葺いてしまう。しかし暴風雨やちょっとした地震で家が傾いてしまって使い物にならなくなってしまう。人格でいうと、しばしばそれが一七歳頃に起きるということなのです。

多くの場合、柱の材質の吟味が悪かったというよりも、最初の基礎工事のところがだめなのです。よく理解できないまま、講義は教科書を丸暗記して、何とか試験をパスするようなものです。ちょっとした応用問題を出されると、もうわからなくなります。

エリクソンの理論に照らし合わせて考えると、そういうことが本当によくわかります。相談や診療にお見えになる方に対して、ここのところが不十分ではないのかということが考えやすいのです。私自身は自分の生き方もエリクソンを一つのお手本にしました。自分の家庭もときどきチェックします。

よきパートナー

最初に、エリクソンの基本姿勢について触れておきたいと思います。この基本姿勢をいつも頭の中にお持ちになりながら、これから読み進めていただくといいですし、私もここに戻りながらお話を進めていきたいと思います。

エリクソンは言います。相手に対してよきパートナーにならないと相手は見えてこない。こちらがよきパートナーになったときに、初めてその関係が生き生きとしてきます。そうして初めて相手のありのままの姿が現れてくるのです。

私はご縁があって、四〇歳から六三歳までの二三年間、毎月ある市の保育士の方々と勉強会をいたしました。二三年も通い続けると、どういうお子さんがどうなっていかれるかが本当によくわかります。二歳のお子さんが二五歳になるのですから。

本当に勉強しました。本当にたくさんのことを教えていただきました。結果として学んだということになります。

最初は一つの園で始まって、三年程で二園に、そして数年後には全園になりました。そうしていくうちに、どの園も、「どんな子がいらしても平気ですよ」というふうに、障害児保育に熟達されました。ですから事前の審査は必要ありません。知的障害の子どもも、肢体不自由の子どもも、自閉症の子どもも、誰でも保育できるようになられたのです。

そうしているうちに、今度は、もともとは障害児でない、難しい子どものことに発展していきました。

そのなかで私が最も強烈に学んだことの一つは、親の前ではよい子だけれども、保育園では困った子どもになるということです。こういう子どもほど、将来はほぼ間違いなく心配だということなのです。小さい子を押し倒す、友だちに噛みつく。言うことをすぐに聞いてあげないと、みんなで大切に飼っているメダカの水槽をひっくり返してしまう。些細なことで我慢できなくてイライラする。

実は、些細なことで我慢できなくてイライラするのは親なのです。それで子どももそうなっている。けれども親の前でするとひどいお仕置きを受けます。ですから親の前ではありのままの姿を見せられないのです。

屈折していますが、「こっち見て、こっち見て」とその子は言っているのです。「おかあさん、こっち見て」「おとうさん、こっち見て」と言えないから、保育園に来たときに「ぼくの方を見て」「わたしの方を見て」と言うのです。

子どもがありのままの姿を見せるのは、パートナーとよい関係になったときです。自分にとって安心できる――自分のことを受け入れてくれるとわかる人の前で、本来の要求を見せるのです。保育者の方が、その子にとって、親よりはるかによきパートナーなのです。よきパートナーだから、子どもの自然な欲求が出ている。それがだだっ子に見えるということです。

ありのままの状態

エリクソンの論文にこういう表現があります。

「生きた人間を相手にしたときのありのままとは、独立自存する個人が、他者から影響を受けない純粋培養状態、標準状態を意味するのではないのだ」

人間がありのままの姿でいるということは、人から強い影響を受けていると同時に、人に強い影響を与えている。エリクソンの見事な発見です。

孤立した状態、引きこもった状態では誰からも影響を受けません。誰にも影響を与えません。これはありのままの姿ではない。ひどく病んだ状態だとエリクソンは言っています。本当にそうですね。

幼い子どもとの関係でも、みなさんがたくさんの影響を与えていらっしゃると同時に、その子からみなさんのほうも影響を受けていらっしゃらなかったら、子どもをありのままの状態においたことにならないのです。

子どもがありのままにふるまえないようにしてしまう大人、残念ですが、今日それはしばしば親に多いのです。

親は子どもに非常に大きな影響を与えています。一方、子どもからもとても大きな影響を受けているのです。子どもからも大きな影響を受けているような関係がパートナーシップです。

治療関係という関係があります。エリクソンはたくさんの人を治療してきました。治療をする場合、医者は患者さんに非常に大きな影響を与えます。けれども医者も患者さんから影響を受けていない治療であれば、それは本当の治療関係ではないとエリクソンは言います。

たとえば、会社では社長と生き生きした関係を持つことなどまずできないでしょう。でも社長からの影響は、命令という形で無理やり受けさせられます。こういう関係はパートナーシップとは言わないのです。独裁者と民衆との関係も同じです。民主主義社会のリーダーは、国民に強い影響を与えますが、同時に国民から強烈な影響を受けているわけです。たとえばリコールということがありますね。

いい影響を相互に与え合っているときに、その関係をパートナーシップというのです。そしてそれが、人間の最もありのままの姿です。

「ありのままを認める」ということを私たちはよく言いますが、エリクソンは根源にこういうことを前提にしているのです。

生き生きとした相互関係というのは、双方とも、防衛的な態度がなくて済む状態です。

「こんなことをしたら嫌われるかな」「こんなことをしたら叱られるかな」という不安がない状態です。

よく私は恋愛を例にあげてお話しします。恋愛は、しばしば、相手から愛されたいという願望が相互にうまく出会ったときに成り立つ行為です。本当に相手を愛したいと思ったとき、恋愛は本当の愛情に発展したのです。

世の中には愛されたいだけの人がたくさんいます。相手を本当に愛しているのではなく、相手から愛されたいだけだったということが、すぐわかってしまうケースの一つが成田離婚ですね。

ストーカーもそうです。相手から愛されたいという願望だけが強烈で、相手のことは少しも愛していないのです。相手がいちばん嫌がることをするのですから。愛の行為と反対のことをしているわけです。別れ話がきっかけで相手を傷つけるというのも、初めから相手を愛していなかった。その人から愛されたいと思っていただけだったのです。

こういう関係は生き生きした相互関係ではないのです。一方的な関係を、お互いがある時期錯誤し合っていただけなのです。

恋愛はしばしばおどおどしています。「誕生日を忘れたら大変だ」と心配です。本当の愛情に変わったら、誕生日を忘れたくらい、どうということはないので安心しています。

別に愛が褪めたわけではないのですから。

防衛的な態度が必要ない状態は「空気のような存在」です。なかったら大変だが、重荷に感じなくてよいという状態です。

ですから、幼い子どもが親の前でよい子でいるというのは、とても防衛的になっているということですね。こうして自分を守らなかったら、どんなお仕置きを受けるかわからない。エリクソンはこういうことを実に見事に解き明かしてくれます。

自分の目の前で子どものありのままの姿を表現させてあげる人は、その子どもの本当のパートナーになっているわけです。生き生きとした本当の人間関係というのはそういう状態です。相手を防衛的にさせない。リラックスさせるということです。

いきなりそういう関係になれる子どもと、なれない子どもがいるだろうと思います。子どもとこういう関係になるための努力として、できるだけその子のことをたくさん聞いてあげてから、こちらの言うことを伝えようという気持ちを持つ。こういうことが良い関係を持つための非常に具体的なマニュアルになるかもしれません。

よい人間関係を経験してきた人とは、とても関係が持ちやすいのです。けれども、防衛的に生きてきた――本当の意味でのパートナーではない人としか人間関係が持てなかった人は、自分のほうに愛情や関心を一方的に寄せてもらおうとする行為に終始しますから、いくつになっても、周囲の人は大変です。こういう実例を、エリクソンのライフサイクルをモデルにして、お話していこうと思っています。

本当の人間関係

エリクソンは言います。防衛的態度が最も小さく、互いに最も生き生きし合う傘下の世界で、相手といろいろなものを分かち合うことができたときに、本当の人間関係といえる。

育児が煩わしいということは、親にとっても子どもにとっても非常に不幸なことです。子どもを虐待するとか、育児に不安や苛立ちを感じるのは、子どもから与えられる喜びが感じ取れない人です。非常に不幸なことに、育児に不安を感じてしまうということは、実は子どもにも不安を感じさせながら親子関係をしていくことになるのです。

また、一方的にしてあげているという感情であったら、本当によいことをしているのではないのです。相手は、そうしないと生きていけないうちは仕方なく恩恵を受けています。できることならその人との関係を逃れたいと思っているかもしれません。

腕力が逆転したときに逆の行動をとり始めるのはそういう場合です。なぜ家庭内暴力ということがあるのでしょう。親子関係の歴史のなかに相互関係がないからです。腕力が上の方が一方的に働きかけているからです。

これは、乳児や幼児を保育や教育する人、実はこれは大学生を教育する人も全く同じだと思うのです。相手からこちらが大きな喜びを与えられているという実感なしに相手に喜びを与えることはできない。相手から教えられているという実感なしに相手を指導するなどということはまずない。こういうことを理解していただきたいと思います。

エリクソンはいつもそういう態度で相手と交わりながら、相手を観察し、癒していきます。そして、ライフサイクルの節目節目で、どういうことが健康に生きていくために満たすべき要件(主題)かを抜き出してきたのです。

エリクソンはユダヤ系のデンマーク人です。ユダヤ系の人たちは、第二次世界大戦中にナチスから迫害を受けました。エリクソンも家族とともにアメリカに避難しました。

本来アメリカには原住の人(いわゆる「インディアン」と呼ばれていた人たちです)しかいませんでした。そこへ世界の各地から人々が移住してきたのです。「人種のるつぼ」といわれる多民族国家です。

それぞれの国の人が、それぞれの文化や風習や習慣や伝統や思想や宗教を持ち、一見さまざまな生き方をしている。しかし、健康に生きている人には、これだけは踏みはずしていないというライフサイクルの共通点があることにエリクソンは気がつくわけです。

後にエリクソンは謙虚に言います。みんながさまざまな生き方をしていたから、ここだけが不可欠（essential）なのだということを感じ取りやすかったのだ。みんなが同じ生き方をしていたら見出すことができなかったかもしれない、と。

性的成熟

人間の発達を考えるときに、一つには身体の成熟という面があります。そのうち、やや心理的に偏った見方をすると、性的な成熟の面というものがあります。また、知的な機能の発達という面もあります。

フロイトはこの二つを中心に見ていきました。

フロイトは、性に対する衝動は、思春期になって急に湧き上がるのではなく、新生児期からあると言います。それで人はスキンシップを好む、母親の乳房が好きなのだというのです。性的な衝動として健全にあるべき感情あるいは欲求をリビドーと呼びます。フロイトはリビドーを中心に人間がどう変遷していくか、成熟していくかを見たのです。

私たちの文化は、性的な衝動に対してある時期から抑制をかけます。社会の秩序を守るためにです。そのようにして守らなければならないような秩序を私たちは作ってきたからです。

そういう秩序を必要としない部族もいます。そこでは性の成熟もその他の発達と同じように捉えられ、タブー視されることはありません。子どもたちが両親の性生活を日々見ながら大きくなっていく部族もあるそうです。そして自然のまま一直線に成熟発達していきます（なぜか一般に平均余命が短い部族が多いのです。ですから性的に早く成熟しても、不思議ではなく、ほとんどの人は十代で結婚します）。

昔は母系社会といわれました。父親がわからなかったからです。誰が母親かはもちろんわかりますが、母親自身も父親が誰かわからない時代もあったのです。

いい悪いは別として、我々はそうでない文化を作ってきてしまったので、たとえば一夫一婦制の秩序を守るために、性的なことをある時期から抑制――タブー視するわけです。そして一定の年齢が来たときに、その文化の規制する範囲内で行動が許されるようにしているのです。

人間の営みというのは、必ずしも自然にそうなっているのではなくて、文化によってそうなっている部分もあるのです。母性も同様です。自然にある感情と、文化によって作られた感情、そして文化によって壊されてきた部分とがあるのです。

社会的成熟

エリクソンはフロイトの弟子ですが、さらに、人間は社会的にどう成熟していくかを見たのです。エリクソンは、そこで師を超えていくのです。

同じくフロイトの弟子、エーリヒ＝フロムも後半になるとフロイトを批判します。フロイトを超えていきます。優れた先生は自分を超えていく弟子を育てるものです。先生を追い越したときに、先生に恩返しができたといわれる。相撲の世界などでもそうですね。

社会的成熟ということをエリクソンが言い出した時代には、社会的成熟が困難な人は例外的にしかいませんでしたから、人々はあまり強い関心を持ちませんでした。専門家たちもそれほど強い実感を持ってエリクソンを見たわけではありません。

ところがその後、社会的成熟のできない人がどんどん出てきたのです。今日では、人間発達に関するどの教科書や書物にも、抜きには語れないというくらいエリクソンは出てきます。

エリクソンは、発達を、①知能　②性――身体（肉体）③社会的人格、の三本柱で捉えました。そして社会的成熟をとても重視したのです。なぜかというと、人間は社会的存在であり、社会的存在でなくなったらひどく病んでしまうということを発見したからです。

例外的な人をきちんと診断、治療する。今でいえば引きこもりの人を、再び社会で生きと生きていくことができるようにするという作業の過程で、エリクソンという天才的な人はそのことを解明するわけです。

これは精神分析家の人たちが非常に早くから感じ取っていたことです。エーリヒ＝フロムは、人間のあらゆる努力は社会的孤立を避けるためにあると言いました。

卑近な例をあげますと、なぜ偏差値の高い学校に無理をしてでも入りたいのでしょう。勉強が好きだったら、こつこつとマイペースで達成すればよいではないか。どこの学校を卒業したかなどということは関係ないじゃないか。けれどもそうではないのです。これも社会的な孤立を避けるための一つの手段なのです。

文化の要素VS個人の欲望

人間はどこに住んでいても集落を作ります。コミュニティを必ず作っているのです。そしてそこに文化を作ります。文化というものは、各人に役割を要請します。「もう何歳にもなったから」と、よく言われますね。かつては「男の子なのだから」「女の子でしょう」と、よく言われました。

我々はそういうことをいろいろな意味で壊そうとし、下手な壊し方をして混乱しているところがあります。規制が多いほど窮屈な面はありますが、生きていくことはやさしいのです。規制をはずそうとすればするほど、一見生き生きと生きられそうに見えて、実は拠り所を失い孤立してしまう。どう生きていいかわからなくなってしまっている人が多くなってきていることも事実なのです。人間というのは、諸刃の刃のなかを生きているようなところがあります。

文化は絶えず我々に一定の要請をしてきます。学校へ行けば、校則を守らねばならない。勉強をしなくてはならない。社会の要請に対して私たちは自分の欲望や衝動を持っています。自由になりたい。今はそんなことをしたくない。

私たちが生きている限り、文化の要請と自分たちの欲望に常に衝突が生じるのです。精神分析用語でいう葛藤（conflict）を乗り越えていかなければ、社会から置いていかれるのです。

孤立状態になっていくと、精神心理的に危機的な状態が必ず人間には訪れます。精神心理的、社会的危機です。

subject of crisis

エリクソンはこれをSubject of crisisと呼びました。エリクソンの理論を日本に輸入したときに、subjectの訳語として「主題」、crisisを「危機」とするのは、日本人にはどうもなじみにくいということで、「発達課題」と訳されました。こうした訳語はエリクソンが本当に言おうとしている言葉からは少しずれるかもしれません。

翻訳は絶えずこういう問題とぶつかります。相手の国の言葉にまつわる概念や文化を、自分の国の言葉や文化に置き換えようとしたときに、ないものがたくさんあるからです。

たとえば「もののあはれ」という言葉は、英語には置き換えられる言葉がないと思います。翻訳が難しいのですが、私たちが社会的に成熟していくときに、そのときそのとき乗り越えていかなければならない主題、このようにご理解いただければよいかと思います。

エリクソンのライフサイクルモデル

エリクソンのライフサイクルモデルの各時代のテーマは次の通りです。各時代のテーマを獲得することができなかったときの、最も不幸な生き方の典型が斜線の下側になります。

乳児期…………基本的信頼（希望）／不信（引きこもり）
幼児期…………自律性（意志）／恥と疑惑（強迫）
児童期…………積極性、自主性（目的）／罪悪感（抑制）
学童期…………勤勉性、完成（適格性）／劣等感（不活発）
思春期、青年期………アイデンティティ（役割）／疎外（役割拡散、拒否）
若い成人期……親密性、連帯性、生産性（愛）／孤立（排他性）
壮年期…………世代性、生殖性（世話）／停滞、自己陶酔（拒否性）
老年期…………統合、完成（英知、秩序）／絶望（侮辱、屈辱）

二　乳児期

子どもに指示や命令ばかりしながら
育児をする人は孤独な人に多い。

基本的信頼

乳児期の最初の subject of crisis は基本的信頼（basic trust）です。これは子どもたちのなかに、母親的な人（必ずしも生物学上の母親とは限りませんから）によって育てられます。その人が「よきパートナー」になってくれたときに育てられるのです。それから対人関係がだんだん広がっていきます。しかし、誰かとの関係がしっかりできていなければ、誰とも関係ができません。

このことは非常に重要です。よく、保育園にいるから社会性が育つとか、大勢のなかで育つからみんなと交わる力が育つのだといわれますが、それは間違っています。

たとえば医師を教育するときに、いきなり多くの患者さんを持たせるような訓練は、誰もきちんと治療することができない医者を作ってしまうのです。

優れた病院では、新人医師が担当する入院患者さんは一人か二人です。朝から晩まで毎日その入院患者さんのことを考えます。しかもスーパーバイザーがついて、手抜きのない最善の医療というのはどういうことかを徹底して学ぶのです。それからだんだん患者さんが増えていきます。そして外来と入院の掛け持ちになっていくのですが、それができるようになるのです。完全ということはどういうことなのかを一方で知っていると、どういうところは省略しても手抜きにはならないかがわかるのです。

同じように、まず一人ないし二人の人とゆるぎない信頼関係ができた人が、だんだんその他の人との関係を広げていくのです。いきなり多くの人と接することは決してよいことではないのです。

赤ちゃんのときに、望んだように愛されるということができていないと、思春期、青年期に自分が望んだような愛され方をしようとします。暴力を用いてでも相手に言うことを聞かせようとします。見せかけの前進であって、発達が次の段階にいくことができなかったのです。

母性性とは相手が望んでいるようにしてあげるということです。ところがだんだん自分の望んだようなことをさせようとする母親が増えてきました。だから親の前ではいい子のふりをせざるを得ないのです。だんだんメカニズムが見えてきますね。

社会の要請することを子どもにさせるのは父性的な役割ですが、子どもがもっと大きくなってからの担当です。基本的信頼がしっかり育っていなければ、何歳になっても父性的な働きかけをすることはできないのです。順序があるのです。

望むことを十分してもらうと、子どもは自分を信じることができるようになるのです。自分を信じるための感性を最も基本的なところで育てることができるのです。

基本的信頼は人間に希望を与えます。その反対の「不信」の方は「希望」の反対で「絶望」

かというと、そうではなく、エリクソンはこの時代に「引きこもり（withdrawal）」という言葉を使っているのです。エリクソンは一九七〇年代にこういう事実を発見して、われわれに警告しているのです。

私も学んだ当初はエリクソンの臨床研究の価値の深さをそれほど感じませんでした。三〇歳そこそこの自分にはわからなかったのです。自分の仕事や生活の年輪を増やすにつれ、そのことの意味の深さがわかってきたように思います。

三　幼児期

子どもには条件付きでない愛情をかけてあげることだ。愛情に条件はない。この次は頑張りなさいと言うのは、ときとして現状の否定であり、条件である。

エリクソンは、発達の各時期に具体的な年齢をあてることはほとんどしていません。幼児期はおおよそ日本の就園前の幼児期前半にあたります。次の児童期が幼稚園時代です。そして学童期は小学校時代と考えていただいてよいと思います。

自律性

幼児期のテーマは、自律性です。論文には autonomy とありますが、仲間内での自由な話し合いのなかでは self-control という言葉をよく使ったそうです。自分で自分をコントロールするということです。自分の衝動のコントロールができない人がだんだん多くなってきました。「キレる」というのはその典型的な状態でしょう。幼児期の前半に解決しておくべきテーマなのです。幼児期の育児の意味を、私たちは本当に問われていると思います。今日のような深刻な時代が急速にやってくるとは思いませんでしたが、こういう種類の不幸なことは、一九八〇年代に予感されていたように思います。

私は一貫して幼児期のテーマが大切と思っていましたので、幼児保育や幼児教育に携わる方との勉強会に最も多くの時間を使ってきました。

私たちが幼児期にいい加減にしてきたことが問われるのは、若者たちが一〇代になったときだと思います。

今、改めてこれほどだったかという思いがあります。幼児期の重要さをautonomyのなかにお感じいただきたいと思います。自分で自分を律する力――自制心です。こういう力は、幼児期の前半に基本的なものが習得されるのだとエリクソンは言います。

自律性が身につく時期

ロバート＝エムディは、生後六か月から一歳半ないし二歳くらいまでの間の育児の仕方が、将来社会的なルールを守って行動できる人になれるかどうかをほぼ決定づける。それほど感受性が重要な時期だと言っています。

『育児室からの亡霊（Ghost from the Nursery）』（Morse&Wiley 朝野富三／庄司修也監訳 毎日新聞社 二〇〇〇年）という本では、胎児期の九か月を含めて三三か月――生まれた後の最初の二年で、ほとんど決定的に決まっていると言っています。

非常に詳細な研究です。四、五歳で攻撃的な感情を持っていたら大変危険だということを、とても緻密な追跡研究から言っているのです。

ロバート＝エムディにしろ、『育児室からの亡霊』にしろ、科学的な根拠――実証的な研究に基づいて言っているのです。思いつきや想像ではないのです。「母性神話」ではないのです。

エリクソンはおおよそ三歳くらいまでを想定しているようですが、近年の実証的な研究は二歳までだというのです。『育児室からの亡霊』はエリクソンの理論に基づいて言っているわけではありません。しかし事実を事実のまま観察して報告していますから、ある意味ではより信憑性があるようにも思います。幼児保育、幼児教育においても、最初の方がより重要だということです。

零歳から保育園にいらっしゃい、と保育士の方々がおっしゃらなければならない時代が来ました。家庭の養育機能がない場合は、一歳くらいから来られては大変なのです（私はあまり絶望視せず、もう少し大きくなっていても、と思っていますが）。

自律性を育てるには

どのようにすれば子どもたちは自分で自分の衝動をコントロールできるようになるのでしょうか。

一言で言ってしまえば「すぐにできるようにならなくてもいいんだよ」というメッセージを伝えながら、大切なことをコツコツ繰り返し教えてあげることです。「ちゃんとできるようになるまでいつまでも待っていてあげるから」「何回でも教えてあげるから」。こういう気持ちを子どもに伝えることだと言っていいと思います。

「誰でもいつかはできるようになるのだから、心配しなくていいのだよ。いつからできるかは自分で決めればいいのだよ」というメッセージを、どう伝えるかということです。書物には書かれていませんが、エリクソンは絶えず言っていたそうです。self-control autonomyという言葉は本来「自分で決める」という意味なのだとも言ったそうです。なるほどと思います。

「まだできないの」こんなことは言ってはいけないのです。「何度言えばわかるの」こんな言葉は最悪なのです。

こちらがコントロールするのではないのです。それは他律です。親の前でよい子で保育園で手のやける子というのは、他からコントロールされている、自律性が最もない子です。ほぼ例外なく思春期に困難な子になるということを、二三年間通い続けた保育園で嫌というほど教えられたのです。

これを親に伝えるのが難しいのです。自分は育児が上手だからいい子にしているが、保育園は保育が下手だから難しい子になる、こういうふうに思う親がいるのです。

勉強をしてきた保育園では、保育者からは言いにくいので、私が憎まれ役をいたしました。一〇年先が見えるような気がすると。どんなに私を恨んでくださってもいい。間違いだと信じてくださってもいい。けれども、どこかで、あの人が言ったことが正しかったかなど思うことがあったら、思い直してほしいと。何人にも申し上げてきました。

気持ちを変えられた方と、そうでない方と、思春期、青年期に見事に分かれていきます。そういうことをきちんと検証できたという意味で、二三年続けたことの意味は大きいと思います。今は声を大にして遠慮せずに言おうと思っています。

待っていてあげるのです。まだしたくない、いつするかは自分で決めるのです。「早くできる子がおりこうなのではないのだよ」というくらいの積極的なメッセージもよいとエリクソンは言ったそうです。

そうすると子どもは怠けるかというと、そうではないのです。むしろそういうふうに言ってあげた方が、積極的に取り組むようになるのです。

しつけとは

自律性を子どもに育てるというのは一種のしつけです。自尊心を傷つけてはしつけはできません。子どもの自尊心を傷つけず、積極的に文化的な課題に取り組んでくれるようにするということがしつけなのです。

『育児室からの亡霊』では四、五歳で顕著な攻撃的感情を持っていたら、少年期から青年期に逮捕されるような事件を起こす確率は、どんなに少なく見積もっても四五％（多い結果では七〇%に及びます）。それも物を持って攻撃する子の場合は、さらに凶悪な事件を起こすと言っています。物を使うというのは、棒で人を叩くとか、積み木やブロックを人にぶつけるといったことです。まだ手で叩いたり押し倒したりしている方が、事態は軽いそうです。そういうことまで研究で明らかになっています。

けれども「積み木を投げるな」と言うことで、教育的な価値を生むことはできません。禁止では消えないのです。大切なことは、穏やかに、何度でも言ってあげるのです。そしてもっと大切なことは、基本的信頼が育っていなければ自律性は育てられないということです。基本的信頼が育つ前に、「さあこんなことできなくちゃ」としつけや訓練をしてもだめだということを、よく承知しておいていただかなければいけないのです。

基本的信頼が育っている子どもほど、自分をコントロールする力があるので、しつけがしやすいわけです。かわいがられていない子どもをしつけようとしたら、余計難しいことをします。攻撃的な感情を大きくなるまで残してしまいます。

トイレット・トレーニング

トイレット・トレーニングはわかりやすい例だと思います。二歳前後にだいたい完了の目処が立ちますが、遅い子どもは自律性が弱いなどということは全くありません。早い子が優秀だということもありません。早い遅いは関係ないのです。

トイレット・トレーニングをされるときに、ぜひ知っておいていただかなければならないことがあります。トレーニングが終わる前の子どもは、自分の排泄物を汚いなどとは思っていないということです。ですから自分の便で遊んだりします。鼻が出るとなめていますね。汚いとか不潔だなどと思っていないのです。ですから食事の前の手洗いも実感はありないのです。もちろん教えなければいけないのですが、「どうして汚い手で食べるの！」などと言っても、不思議に思っていることでしょう。

心の奥深いところで、自分の身体から出るものにはある種の愛着を持っていますから、出したくない、捨てたくないのです。

よくけちのことを「出すものは舌を出すのも嫌だ」などと言いますが、子どもも出すものはみんな嫌いなのです。自分のものは出したくないのです。けれどもおしっこやうんちは出てしまうのです。意識的には出そうとはしていないのだということを理解していただきたいと思います。

今はもれない紙おむつがありますが、さらしや古いボロきれで作った昔のおむつはたるんでいました。ですから、健康なうんちは、よちよち歩いているときにおむつの端からぽろっと落ちたりしたものです。そうすると子どもは「おや」というような顔で振り返って、ポケットから落ちたおもちゃのように拾ったものです。

精神分析によりますと、古いおもちゃに対する感情に近いものがあるのです。不要になったけれども捨てるのは嫌なのです。全く遊んでいないのに、捨てようと言うと嫌だと言う。まして隣の子にあげようなんて言ったりすると大変です。仕方なくとっておくと、安心してそれでは遊ばない。同じようなことがうんちやおしっこにはあるのです。

排泄物が不潔なものだという文化的な感情が育つのは、トイレット・トレーニングが完成したずっと後なのです。私たちが自分が零歳児だったときのことからきちんと記憶していたら、育児にあまり失敗しないのでしょう。けれどもすっかり忘れていますから、大人の感情で「ばっちいのがわからないの！」なんて怒鳴ったりする。何がばっちいんだかわかりませんね。「こういうのはばっちいんだよ」とやさしく言ってあげればいいのです。

おしっこやうんちをパンツの中でしてしまうそのちょっと前にうまくトイレに座らせれば出る、と我々は思いたいです。それで、おまるに座らせてあげる。さあ出るよ、と待っていてもたいてい出ません。仕方がないのでパンツをはかせる。そうすると五分もしないうちにしているのです。「どうしてさっきしなかったの！」これは大人の感情です。

意識しなければ出るのです。意識すると出ないのです。古いおもちゃです。意識しなければ忘れているのですが、意識した途端、捨てちゃ嫌だと言うのです。それを承知した上で練習していかなければいけないのです。

練習しなければずっとできませんから、「ここにおしっこをするとおりこうさんだよ」と言っておくのです。でも気持ちのなかでは、すぐにできるはずはないということは知っていなければならないのです。いつになったら○○ちゃんできるかな。できるようになったら先生はうれしいな。こういうことだけ伝えておいてあげればよいのです。

恥と疑惑

いつまででも待っていてあげる。いつするかは、自分で決めなさい。こういう発想が子どもに自律性を育てるのですが、こういうときに子どもにいつも失敗の感情ばかり与える人がいるのです。「いつになったらできるの！」「まだできないの！」「また失敗した！」それは子どもに自分の存在に対する恥（shame）と疑惑（dobut）の感情を与えてしまいます。こういう子どもたちはしばしば強迫的になります。思春期強迫神経症が典型的なものです。完全癖。ノートをきれいに書かないと不安でしょうがない。何度も手を洗いに行く。鍵やガスの元栓を何度も見に行く。何度見ても落ち着かない人もいます。

四　児童期

少年の心の成長のためには、人間関係の質よりまず量が大切である。現代っ子は、少年時代に人間関係の量が足りない。量より質が大切になるのは、思春期になってからである。

積極性

日本の大学では、卒業を迎えたときに三〇％くらいの若者は就職する意志を持っていません。大学が発表した就職率というのは、就職する意志を持った学生のうちの何％が就職したということをいっているのです。

子どもたちに積極性や自主性を育てる――将来、意志を持って目的を持って行動できる若者になれるように育てていく。そういうことを促す大事なテーマが児童期（幼児期の後半）にあります。幼稚園時代にほぼ該当します。

自分はこういうことを本当にやりたいのだという、しっかりとした意志を持つということは、自分で自分の衝動をコントロールする力が身についていない子どもにはできないといわれます。

この時期は、非常にエネルギーが活発で、好奇心が旺盛で、「疲れを知らない」時期です。「失敗を怖れない」「失敗をすぐ忘れる」何でも自分でやろうとします。

ですからときとして事故に遭います。自分の能力を超えたことをしようとするので、怪我をするのです。重大なことにならないように注意して見守っていなければならない時期です（何年か前の統計ですが、この時期に死亡率のちょっとしたピークがあるのです）。

何でも自分でしようとする。これが自主性や積極性の基本です。直接関与することでしかものを感じ取ることができない。人の話を聞いてなるほどとは思わない。懲りずに何度も同じことをします。話を聞いて、それならやめておこうということはまずないのです。たとえば、よその家の呼び鈴が本当に鳴るかどうかを確かめます。「あ、誰か出て来た。本当に鳴ったんだ」という調子です。雨の日に長靴をはかせると、帰りに長靴の中にわざわざ水道の水を入れてきたりもします。長靴の中に水が入ったらどんな感じになるのか、やってみないとわからないのです。

なんでも実験してみます。高いところから傘をパラシュートがわりにして飛び降りて足をくじく。誰かがやると必ずやろうとします。その子がこうだったと説明しても、人の話を聞いてわかったということはないのです。

一方、自分で確かめることができないことは、大抵のことは信じます。「夜になるとウサギがお月さまの電気をつけるから明るくなるんだよ」というと、「ああそうか」と子どもは思うのです。

ですから子どもが確かめることができないことで、あまりひどい嘘はつかないほうがいいのです。そして、できることならいろいろなことを自分で確かめることができるようにしてあげるのがいいのです。大きな事故のないように。それがこの時期の上手な育児です。

この頃の子どもたちのいたずら遊びを、ピアジェは細かく観察して、「科学の最先端にいて新たな未知の分野を研究開発している科学者の営みと同じことをしている」と言うのです。私たちから見たら、ろくでもないことを飽きもせず繰り返している子どもたちが、ピアジェには繰り返し実験をする科学者の卵のように見えるのです。

同じ条件下で何度も同じ実験を繰り返し、同じ結果が得られたときに初めて「あの斜面は自分は登れない。すべって転がってしまう」という結論を出すわけです。大人は一度失敗したらやめなさいと言いますが、一度の過ちで懲りてもう二度としないというような子どもは、あまり将来に楽しみがないのです。

次の段階に行くためには、そういう前提が必要だとピアジェは言いました。ピアジェのようなおとうさんを持てば、子どもは安心していたずらができたでしょうね。みなさんもそういう目をもって、危険なことでなければ、何度もさせてあげてくださるといいと思います。

親が感心するような新たな発見は、まだこの時期はできません。それはくだらないことをさんざんした後でやってくることなのです。楽しみは一〇年先です。今ほれぼれするようなことを無理にさせていたら、たいてい将来はひどいものです。こんな大変なことを汗水たらしてよくやるなと、面白がって見ててあげられると、将来が楽しみなのです。こういうことをご両親にうまく説明してくださればいいなと思います。

幼稚園や保育園、今日では就学後もまだそういうところが大いにあってよいのだと思います。自発的な探究心、両親から本当に独立する力の基盤です。将来パラサイト・シングル（学卒後も親と同居し基礎的生活条件を親に依存している未婚者）にならないようにということです。自分の限界をしっかり知るから、できるところまでは独立していこうということになるのです。自発的な探究心のためには、実験、想像、創造が豊富にあるいたずら遊びを十分に子どもにさせてあげることが必要なのです。

ところが、こういういたずら遊びが生き生きのびのびできない子どもがいます。たいていの場合、その前の段階である自律性が育っていないのです。

自分の衝動をコントロールできないのは、その前の基本的信頼に問題がある。こういうことが大切です。どこまでさかのぼってやり直しをしてあげるかということです。

教官に挨拶できない学生

私は大学にフルタイムで勤めるようになって本当にびっくりしました。学生たちが教官と視線が合わせられないのです。それまで私は非常勤講師でしたから、多くの学生は私のことを知らないのだから、視線が合おうが合うまいが、あまり気に留めていませんでした。今、私は必修科目を多く担当しています。必修科目は落とすと卒業できないので、全学生が私のことを知ることになるのです。

すれ違うときに、どのようにしてこの教授から視線をそらせるかと苦労しているのがよくわかります。向こうが何人かでいるときはいいのです。急にしゃべり出すわけです。そして気がつかなかったようにすれ違います。けれども一対一ですれ違うときは憐れです。エレベーターで学生一人と私になってドアがしまってしまったときには、震えそうな様子でいます。基本的信頼の弱さです。自主性、主体性、自分に対する安心感の弱さです。

それで私のほうから声をかけるようにしたのです。視線をそらせようとしている学生にこちらから「おはよう」と声をかけたのです。そうするとびっくりして、ばねじかけのようにこちらを振り返って「おはようございます」と言う。そのうち、あの教授はこわくないということが知れ渡っていくようです。だんだんと学生が挨拶するようになりました。でもそこまで三年もかかりました。

挨拶ができる学生が増えていると、他の職員からも言われました。大学生になっても毎日毎日やっているうちには変わってくると思うのです。

自分が大切にされている、心をかけられている、ということを積み重ねていくのです。積み重ねていくと本当に人なつこくなるのです。安心できるようになるからです。これも一種の基本的信頼だと思います。

彼らも、ほかのところですぐに第三者に基本的信頼を持つことはできないでしょう。また一からやっていかなければならない。まだ、私ないし私の大学でのみ通用するパスポートなのです。残念ですが弱さがあります。

それでも、ないよりはずっとましだと思っています。よそに行ったとき、いきなり無条件ではできないだろうと思いますが、いくらか早くできるのではないかと思うのです。

基本的信頼というものを乳児期から持っていると、いろいろな人と、どこででも応用することができるのです。けれども大きくなってからはそういう大変さがあるのです。来る日も来る日もあります。

自転車置き場に自転車が置けない学生

学生が自転車置き場に自転車を置かないことが問題になっています。もっと自分にとって便利なところに置こうとする。人には迷惑です。そんな簡単なことができないのです。「ここに自転車を放置しないでください」と書かれている看板の前に自転車が放置されているのです。いかに自己中心的か、他者への配慮がないかです。

でもそういう学生を単純に叱る気はしないのです。他者への配慮がないということは、自分への配慮を十分得てこなかったということなのですから。

「大学生にもなって」とか「そんな学生は即刻退学処分だ」と言う人もいます。私はそういうときに、配慮されて育ってこなかったら衝動のコントロールなどできないものなのですと話します。そうすると「そんなに大変なものですか」と言われますが、「セクハラをするような、衝動のコントロールのできない大学教授までいるのですから」と言うと、「なるほど」とみんな黙ります。

自分がどう育てられてきたかということと、どういう行動ができるかということは一〇〇%直結するのです。ですから、そうしたできない子どもを叱るというのは、子どもにとって本当に不幸なことです。けれどもこちらもイライラすることもありますね。わざわざこちらが困るようなことを探してきますから。

「こんなこと大学生になってもわからないのか！」と怒鳴りつけることでは解決しないのです。わかっているけどできないのです。できない人にはできないのです。女子学生にセクシュアルハラスメントなんて、とんでもないことだと教授だって知っているでしょう。けれども現実には我慢できない人がいるらしいのです。

警察官が麻薬密売人から取り上げた麻薬を打っていた。悪いことだと知っているのです。衝動がコントロールできないのです。

自分で自分の衝動のコントロールをするのは大変なことなのです。衝動をコントロールできるように育てられなければいけないのです。

そういうわけで、学生たちにはいわゆる講義を通しての教育以前の問題がたくさんあります。今の学生には本当に幼児性があります。幼児性とは幼児期に解決しておかなければならない問題を解決していないということなのです。身体は見上げるほど大きくなっても、解決できていない問題は残っていきます。成熟に飛び級はないとエリクソンは言うのです。そんなときに、幼児期の前半をどう育てられたかを思い出して、親を恨んでもしょうがないのです。そうではなくて、そのことを理解して、積極的に自分を再生していくことだと思います。

五　学童期

人間は深い人間関係のなかで安らぐというのがよい。子どものときに一人でいるのがホッとするようではいけない。本当は大人だって。

勤勉性

小学校の数年間に、将来社会的に勤勉に生きていくことができるかどうかの基盤があるということを知ってください。社会的に勤勉に生きるためには、同時代の仲間と文化を分かち合う経験をしなければならないのです。

エリクソンの論文の堅い表現では、「同時代の仲間と、同時代の文化を分かち合う経験を豊富にしなければならない」とあります。仲間と道具や知識や体験を共有し合うことです。仲間が大切なのです。先生と分かち合うだけでは決定的に不足なのです。ラジオやテレビの講座で勉強する。あるいは本を読むだけでも学ぶことはできます。けれどもそういう勉強の仕方では、社会的に勤勉な人格を形成することはできないのです。

学校の先生から学び、塾の先生からまた勉強を余分に学び、おけいこの先生からバイオリンやピアノを教えられ、スポーツのコーチからスポーツの技術をたくさん習得した。与えられたものは確かに身につきます。算数ができるようになる、ピアノが上手に弾けるようになる、サッカーボールを強く蹴る力がつく。けれどもそれが社会的に勤勉な人格を形成するかというと、しない、とエリクソンは言いきったのです。

不登校、家庭内暴力

このことを私たちは相当いい加減に考えていると思います。事件の後に、「中学まではあの子は学年で一、二を争うほど勉強がよくできて、おとなしくて、近所で礼儀正しくて」と言う人がたくさんいます。あれは嘘を言っているのではないのだと思います。

一九九〇年代に北浦和で、父親が自分の息子を、深夜に出刃包丁で滅多刺しにしたという事件がありました。父親が実刑、母親は執行猶予つきでした。両親ともに有名大学を卒業、いわゆるエリートです。父親は高等学校の国語の先生で、管理職の道を敢えて選ばず、生涯一教師としての道を通そうとされた方です。生徒やＰＴＡからとても信頼を寄せられている先生で、事件の後で救済のための署名が、あっという間に何万も集まったのです。

しかし、子どもはうまく育ちませんでした。学力は学年で一番だったのです。最も偏差値の高い県立高校に入学しました。そして不登校になります。家庭内暴力が非常に激しい状態になります。高校を中退、そして一時穏やかになります。秀才ですから、大検を軽くパスして、偏差値の高い私立大学に入学します。ところが大学に入ってほんのしばらくで、また不登校になってしまうのです。そして前よりひどい家庭内暴力を繰り返します。そして、ある晩、思い余って父親が殺してしまうわけです。

彼は学力は学年で一番、しかもテニスを中心にスポーツは万能です。その上ピアノとギターが抜群に上手なのです。子どもを持つとしたら一度はこんな子どもを持ってみたいものだと、皆さんお思いになりませんか。

作曲を何曲もしています。しかも、それに自分で作った英語の詞がついているのです。それで不登校です。不登校とは何なのかということの意味がおわかりになるでしょう。社会的に勤勉に生きていくための感性とは何だろうかということです。

友だちから学ぶ、友だちに教える

エリクソンは言ったそうです。「友だちからものを学ぶ力がありますか？　友だちにものを教える力がありますか？」大人から学ぶことの価値も高いのです。けれどもそのことを友だちと共有できなければだめなのです。

友だちから学ぶためには、友だちから教えてもらいやすい雰囲気を持っていなければなりません。また、何か友だちに伝えようとしたときに、友だちが響き合う気持ちを持ってこちらの話を聞いてくれなければなりません。一言でいえば共感的な力が育っているかどうかということです。小学生のうちは、そういうふうに育ててこなければならないのです。

自分の知らないことを知っている友だちに会うことが楽しくてしょうがない。面白くてしょうがない。「よくそんなことができるね」「よくそんなこと知っているね」そういう子どもに育てなければならないのです。

友だちから学ぶということの背景にあるのは、人を信じる力、自分を信じる力だと思います。こういう力は数学や英語をいくら教えても、おけいこごとをいくら習わせても育たないのです。

質より量

内容や質ではない。どれだけのものを学び、どれだけのものを教えるかという量に価値がある。これもエリクソンは本には書いていませんが、終始言っていたそうです。どんなにくだらないことでも、友だちから学んでくることに価値がある。仲間と遊びのなかで実践することがとても価値が高いのです。

我々が子どもの頃、親は意識してそのように育てたわけではありませんでしたが、子どもたちはそういうことが上手でした。だから本当に勤勉です。

先日、六〇歳になった記念で、田舎の小中学校の同窓会（小学校も中学校も村に一つずつしかないので、小学校の同級生は中学校も同級生なのです）を久しぶりにしました。

高等学校に行ったのは、四、五人に一人です。大学に行ったのは私ともう一人だけです（私も高等学校を出て何年も働いた後に大学に行きました）。農協、造り酒屋、織物の会社、いろいろなところで、みんな勤勉に働いています。そして多くの人が「その道一筋」、「生き字引」と大切にされています。定年を迎えるのに、延長してもう少し残っていてくださいと言われていました。

みんな本当に勤勉に働いていました。学校時代、勉強はしなくていいのだと思いました。みんな勉強はできませんでした。でも竹馬を作るのは上手でした。田植えも曲がらず上手にできました。ウサギの交配とか、ウナギの夜釣りとか、山できのこが生える場所とか、いろいろなことを知っていました。そしてみんなそれを教え合ったのです。

大人の目から見て価値が高いことを教え合う必要はないのです。その時代の文化を仲間と相互に交換し合う。友だちの持っているものを、ありたけ自分のものにしてしまう。自分の知っていることは、ありたけ友だちに与えてしまう。しかもそのことがお互いに楽しい。

こういうことが、生存と適応のための意識や技術を高めるのだとエリクソンは言いました。こういうことが自在に周辺の仲間たちとできるようになっていなければ、いろいろな環境に自立して適応していく力は得られないのです。だから知識は知識としても持ったまま、技術は技術として持ったまま、引きこもってしまうことになるのです。その苛立ちで激しい怒りを周囲に向けるということが当然あり得るわけです。

健康な家族、不健康な家族

一九七〇年代に、アメリカのテキサス州にあるティンバーロン精神医学研究財団が、ある調査をしました。子どもが少なくともティーンエイジャーになっている家族だけを対象に、育児に成功した家族と、育児に大失敗したように見える家族を比較したのです。研究者がこぞって認定した家族を健康家族とし、不幸なことに反社会的な行動を繰り返しているとか、強い非社会的状態――ノイローゼやうつ病、精神神経障害になってしまった家族を明確に調査して、違いを選り抜いてきたという研究です（成功とも大失敗ともいえないという曖昧な家族は調査の対象としませんでした）。

その結果、健康な家族は、近隣とのオープンマインドのコミュニケーションが豊かで、不健康な家族はそれがほとんどない。こういうことがとても明確に現れたのです。

日本人はオープンマインドでなくなりました。親類縁者のつきあいその他がゆったりできない。頼り頼られて生きていくことができないのです。「ありがとうございました」「どういたしまして」という会話が家族や近隣、人々の間で減ってきています。

そういうなかで、母親が母親でいること、父親が父親でいること、家族が家族でいることがだんだん難しくなってきていると思います。

家庭内の喧嘩の増加

象印マホービンという会社が、何年かごとに家族の調査をしているのですが、このほど家庭のなかの喧嘩について一五年ぶりの調査がありました（一九九九年「新・家庭内ケンカ考」）。一五年前に比べて、夫婦喧嘩は六・六倍、父と子の喧嘩は一〇倍に増えたそうです。

父親と子どもというのは、本来そう摩擦が起きないところにいますね。父親は、キャッチボールしようとか、アイスクリーム食べに行こうとか、都合のいいことばかりしているところがあります。それがそうでもなくなってしまったということです。

私たちは、いろいろな人との交わりを失うと、誰とも上手に交わりができなくなっていくのです。夫婦の関係も、子どもとの関係も下手になっていくのです。

地域社会でいろいろな人との人間関係を持っていたときには、おかあさんも育児が上手でした。今「仕事で疲れているからいらいらして」と言われますが、昔の人のほうが畑仕事や野良仕事ではるかに疲れていたのです。家事も重労働でした。

人間関係で癒す

我々は癒すことができないから疲れを感じるのです。ストレスを感じるのも人間関係ですが、ストレスを癒すのも人間関係です。一人になってホッとして落ち着くということはあります。それ以上ストレスを大きくしないということには役立ちますが、本当の癒しにはならないのです。本当の癒しは人間関係のなかにあるのです。

ストレスを癒すような人間関係がどんどん減ってきている現代社会のなかで、親をする、家族をする、教育者をすることの難しさがあります。そういうことを知っておいていただかなければなりません。

不足を補うもの

人は、乳児期におかあさんから自分が望んだような愛され方を十分すれば、いちばん望ましい。十分に愛されれば愛されるほど、基本的信頼が豊かに育ちます。けれども一〇〇％完全という人はまずいないでしょう。乳児期の不足分を、幼児期になっても小学生になっても引き継いでいくのです。いろいろな人にいろいろなやり方で癒やされながら不足を補っていくのです。そして、たぶん、いくらかの不足を残したまま、誰もが生涯を終えるのだと思います。誰もが未完のまま人生を終えるのです。

エーリッヒ＝フロムの言葉に、「人間の不幸というのは、さあこれからだというときに人生が終わるということだ」とあります。これですべての準備が整ったというときに、寿命がくるのです。

愛され方に大きく不足がある人に不都合が起こるのですが、その不都合さを、本来は、おばあちゃんが、親戚のおじさんが、近所のおばさんが補ってくれたのです。今の時代は、そういうものがないので、エリクソンの言っていたモデルが顕著に出てきてしまうのです。いきおい、この時期に母親がどうだった、家族がどうだったと、責任の所在が余計見えやすくなってしまったと言っていいと思います。

かつては他の人がカバーしてくれたのです。親なら許してくれないことをおばあちゃんなら許してくれた。近所のおばさんは「いいよ、いいよ」と言ってくれた。私はそういうものを、健康な意味での、善意での、無責任さだと思うのです。自分の子どもには許せないけれども、隣の子どもには許せるということがあるでしょう。それが大切なのです。

助け助けられて

私は小学校三年から高校卒業まで一〇年間、滋賀の山村に疎開していました。田舎の夜は本当に真っ暗です。街燈なんてないのですから。私は提灯を持って歩いていたときに、転んで燃えてしまって「さあたいへんだ、家に帰れないよ」と、祖父におどかされた覚えがあります。それくらい真っ暗だったのです。そこへ言いつけを守らないからと言って、子どもを放り出すお宅がありました。

　私の母はご近所に対して割合おせっかいでした。その子は村中に聞こえるような大声で「もうしない！　うちに入れて！」と泣くわけです。そうすると母は「○○ちゃん、また怒られている。助けに行かなくちゃ」と出かけて行くのです。私たち子どもは、家事や喧嘩を見に行くような気持ちで後ろからついて行きます。

　母はその子の側に行って「○○ちゃん、どうしたの？」とききます。その子は、何して怒られて、と言います。「そう、それじゃおばさんが謝ってあげる。もうしないよね」。そして勝手に「御免ください」と、その子の手を引いて入って行くのです。「もうしないと言っていますから、許してあげてください」。私の母が代わりに謝っているのです。おとうさんやおかあさんが赦してくれないことを近所のおばさんは赦してくれる。そして自分の親も近所のおばさんがちょっと口をきいてくれたら赦してくれるのです。

　かつては、こういう人々の善意や愛情で支えられていたのです。こういうきっかけでもなかったら、親もその子をなかなか赦せなかったかもしれません。もっと厳しいお仕置きをしたかもしれません。親の方もそれでくつろぐわけです。「きのうはすみませんでした」「いいえどういたしまして、おせっかいをいたしまして」。こういうことはごく日常の風景でした。

私たちは私たちで近所の方に補われることが始終ありました。田んぼのあぜみちを、何人かで棒切れを持って走り回っています。そうすると「ちょうどいいところに通りがかった。みんなおいでおいで。お芋が焼けたところだよ」と、声をかけてくれるのです。終戦直後の空腹の時代に、お芋を一つもらう善意というのは大変なものです。今でいえば高級レストランのフルコースのごちそうにあずかるような価値がありました。そして「〇〇ちゃん、このあいだの運動会ではよく走ったね」「△△ちゃん、学芸会であの歌は上手だったね」と、親のように誉めてくれるのです。

認めてくれる、感心してくれるということが、村人にはありました。ああいう大勢の人の善意に育てられていたものを、今は一人で、あるいは一つだけの家族でやらなければならない。そういう困難もあるのです。単純に今の親に育児能力が落ちたとばかり言いきれないのです。

みんなにサポートしてもらえない。そのかわり自分もよそのサポートをしていない。煩わしさから解放されたとだけ思っている。そしてもっと解放されたいと思っているのですが、そのかわりに大きなものを失っているのです。

エリクソンがモデルとして私たちに示したことを、私たちがしてあげられなくなっていることを、不幸な時代的背景も含めて、お知りいただくといいと思います。

いじめ

互いに相手の立場になってものを考えることができる、共感的な感情が育ってきた上で初めて、友だちが得られるのです。その基盤は基本的信頼です。人を信じる力があるから、人から信じてもらえる感性があるから、共感的な感情が育つのです。

今は、いろいろな程度にそういうものが育っていないのです。こういうものが豊かに育った子どもが集まれば、クラスに底なしのいじめ、卑劣ないじめなどはないのです。

いじめに関する国内の調査、そして国外との国際的な比較研究が、この何年か行われてきました。

森田洋司先生（大阪市立大学教授　社会学）が日本の小中学生とその担任と保護者を対象に、いじめに関する膨大な調査をされました（金子書房『児童心理』1999春の特集号に、報告の全文が出ています）。

最初に報告書が出されたとき、新聞が日本のいじめの実態が明らかになったと報道しました。

同じ調査報告書を、ある新聞は一面で扱いました。図表がカラーで出ていました。内容は、自分のクラスにいじめがあるということに先生が気づいて、一生懸命なくそうと努力すると、六〇%はいろいろな程度に改善の方向に向かうということが中心でした。

それを読んで私は、いじめというものは根が深い、深刻な問題なのだと思いました。なぜかというと、先生が最善を尽くされても、四〇%はどうにもならなかったということですから。しかも成果のあがった場合も「いろいろな程度に」ですから、大きな成果があがった例もあれば、小さな成果しかあがらなかったものもある。それを全部合わせても六〇%ということです。解決の問題の困難さを、私たちに教えてくれるものだと私は読みました。

別の新聞はそういうことに一切触れていませんでした。社会面——三面記事で扱われ、カラーでもありませんが、二倍以上のスペースを使っていました。こちらは、先生については直接触れず、生徒がどういう態度をとるのかを、報告書のなかから抜き出していました。

おおむね生徒は三つのタイプに分かれます。まず、全く関与しない——見て見ないふりをしているタイプ。これがいちばん多いのです。

一部の生徒はいじめをなくそうと努力します。生徒に直接いじめるなと言いに行く生徒もいるし、いじめられている生徒をかばおうとする生徒もいる。先生に訴えるとか、親に訴えてPTAを通して何とかする生徒もいる。いずれにせよ、いじめをなくそうと何とか努力しようとする生徒は確実にいます。

ところがほぼ同じくらいの数の一群は、いじめにさらに関与しようとするのです。はやし立ててエスカレートさせて見物する。あるいは自分も参加してしまう。

この三つのタイプのなかで、いじめを見ても見ないふりする生徒がいちばん多いことがわかりました。

そして、それぞれのタイプの生徒が家族をどう思っているかというアンケートの結果を報道していました。アンケート項目には生徒が自由に〇をつけるようになっています。そのなかに「あなたの両親との関係をどう思いますか」という項目があるのです。自分と自分の両親の関係が「非常に良い」「良い」「ふつう」「悪い」「非常に悪い」の、どれかに〇をつけるのです。

これが本当に顕著でした。いじめを何とかなくそうと努力する生徒は、ほとんど例外なく、自分と自分の両親の関係は「非常に良い」か「良い」に〇をつけていました。逆にいじめに関与してしまうというようなタイプの生徒は、ほとんどすべてが親との関係を「悪い」か「非常に悪い」に〇をつけていたことがわかったのです。

これは見事に新聞社のそれぞれの姿勢を示しています。前者は、いじめに対して先生がしっかり取り組んでほしい。現状でもあるいは従来のやり方でも六〇%にはいろいろな程度に成果があがるのだから。こういうことを強調しているのだと思います。後者は、いじめの根本的なところには、実は家族の人間関係が関与しているのではないか。こういうことを問いたい、と言っているのです。

家族の人間関係が悪かったら必ずいじめになるかというと、それはどうかわかりません。けれどもこの調査結果には、なかなか意味深いものがあると思います。

クラスにいじめがあったときに、いじめをなくそうとする生徒たちは、確実に世界中どこの学校でもどこの学年でもいます。けれども先頃行われた国際比較調査研究によると、日本と他の国とでは顕著な違いがあるというのです。

共同研究に参加した、日本を除く国はすべて、学齢が上がるにつれて、いじめをなくそうという生徒の比率が増えていくのです。そしていじめをする生徒が減ってくる。大きくなれば当然ですね。私たちは子どもたちに教育をしているのですから。教育というのはそういうことでしょう。

ところが、日本だけがいじめを無視する生徒が増えていく。一部不幸な場合には、いじめに参加しようとする生徒が増えていってしまうのです。残念ながら日本だけです。

私たちは何を教育しているのだろうと、考えてみなければいけないと思います。

六　思春期、青年期

「今の子どもは」とか「最近の若者は」ということは、現代の大人はと言っていることとしばしば同義である。

アイデンティティ

エリクソンといえばアイデンティティが有名ですね。私たちはいろいろなところでアイデンティティという言葉を使います。日本人としてのアイデンティティ、女性としてのアイデンティティ、二世としてのアイデンティティ、教育者としてのアイデンティティ。

エリクソンが作った言葉です。エリクソン以前には辞書にはありません。もとの言葉はidentify――物事を識別する、あるものの特性、本質を明らかにするという意味です。その名詞形がidentificationです。Identification card（ID card）身分証明書ですね。その人がその人であること、他の人ではないことを特定するという意味です。

エリクソンのアイデンティティとは、いってみれば私たちの人間性を特定するという意味です。自分は一体どんな人間なのかということを特定するということです。

日本語で「自我同一性」と翻訳されています。自分というものが同一の不変の存在だということを意味するということです。

アイデンティティが確立されていない典型的な状態が多重性です。現象としてわかりやすいのが「キレる」現象です。「キレる」ということはさっきの自分との間につながりがない――同一性がないということですね。キレやすい人、多重性の人はアイデンティティが確立していないということです。

幼児がキレやすいですね。すぐ泣いてわめく。すぐ自分を失う。度を失う。それはちっともおかしいことではありません。「今泣いたカラスがもう笑った」でいいのです。幼児にアイデンティティが確立されているなどということはあり得ないことです。自分がどんな人間かなんて思ってもいないでしょう。

自分はどんな個性、特性、能力、素質を持っているか。同時にどんな弱点や欠点を持っているか。そして、自分はどんな職業選択が可能か、自分の進路はどうあるべきか、どのような社会的役割を負うことができるだろうかということです。

ワロンの「私」

ワロンは、人間はどのようなプロセスをたどって「私」になるのかということを生涯かけて研究しました。エリクソンの言葉でいえば、アイデンティティがどのようにして確立されるのかということです。そういう意味ではアイデンティティという問題だけに注目して（ワロンはアイデンティティという言葉は使っていませんが）、研究したわけです。エリクソンとぴったり一致します。また、そこだけを研究したのですから、よりきめが細かいのです。

他者がいて自己がある。自分にとって肯定的な他者のイメージがたくさん取り込まれないと自分というものはできない。人間の存在というのはとても逆説的に見えますね。他者がいるから自己がいる。愛されたから愛せる。信じられたから人を信じることができる。大切にされてきたから人を大切にすることができる。その子からたくさん学ぶことができる人が、その子にたくさん教えることができる。喜びを得る準備がたくさんあれば、子どもにたくさん喜びを与えることができる。一方的な関係ではだめだというのです。

英語で「理解する」はunderstandですが、これは文字通り相手の下に立つということが語源なのだそうです。相手を見下ろしているうちは相手を理解するということは絶対できない。相手の下になる気持ちになったときに相手のことが初めてわかる、そういう意味なのだそうです。

子どもを理解しようとしたら、子どもの下に降りて行ってあげなければなりません。教壇の上から見下ろしているという感情では（教壇がいけないという意味ではありません）、子どもは理解できないということです。

自分を客観的に見つめる

自分を作るためには自己洞察する目ができなければいけません。内省する力が育ってこなければいけないのです。それは同時に自分を客観的に見つめるということです。別の表現をすれば、他人の目で見るということです。他者がいなければ「私」ができないというワロンの言葉につながってくるのです。他者の目を自覚できたときに、自分が見えてくるのです。

メタ認知ともいいます。他者の目で自分を客観的に見つめる。自閉症の人はそれができないのです。

思春期のアイデンティティを確立する時期には、他者の目が強烈に意識されるようになります。人の目で自分をいつも見る。だから鏡ばかり見ています。

幼児は人の目で自分を見ていません。主観の世界にいます。ですから、幼児は万能感を持っています。「大きくなったら何になりたい？」と聞くと、何にでもなれると思っています（もちろん健康に育った場合です）。

ところが思春期になり、アイデンティティを確立する頃には、なりたいものと、なれるものは違うのだとわかってきます。それは人の目で自分を見るからです。人の評価と自分の評価がだんだん一致してくるからです。君にそんなことは絶対無理だよと周囲がみな思っていると思うと、なれないと思うのです。

鏡を見るだけで満足だという人はモデルか何かになればいいのです。それだけで客観的に自分を評価できるわけですから（老後になったらどうなるかはわかりませんが）。

しかし多くの人はそうはいきませんね。たいていの人は内面を客観的に見つめようとします。内面を映しだす鏡が必要になるわけです。しばしば外見が美しすぎると内面の充実を怠ることがありますから、外形はほどほどでよいのだと思います。

内面の充実を映し出すのは他人です。内面を映し出す鏡というのは、価値観を共有できる友人の評価なのです。仲間が、自分にどういう感想や評価を与えてくれるかなのです。ですから思春期は類は友を呼ぶのです。暴走族も、そして政治家の集まりやいろいろな派閥も、基本的にはそういうことなのです。

価値観を共有できる仲間とがいちばん深く交わることができます。価値観、思想、信条、主義、主張、そういうものがぴったり合う仲間が相互に信頼し合い、相互に評価し合う。相手の信頼と評価を自分のアイデンティティのなかに組み込んでいくのです。自分はこういう仲間に歓迎される人間だから、こういう仲間のような人間なのだということになるわけです。

そのようにして自分というものが確立していきます。そして、どんな生き方をしていけばいいかということを見つけていくのです。

こういう時期はしばしば、一方では自分が成熟していくためのお手本を見つけようとします。仲間とは違う次元で、歴史上の人物、あるいは現存しない架空のモデルを作り上げるなどして、こんな人間になっていきたいと思うものです。

こういうものを育てるには、家族、仲間、学校、地域社会、いろいろな人の集団が大切なのです。とくに高校、大学の仲間は決定的な意味を持つ、とエリクソンは言いました。アイデンティティはこうしてできていくのです。

社会的存在

エリクソンは、人間は社会的存在であると言いました。社会的に存在しないということは、存在しないと同じことなのだと。ですから引きこもったままの若者というのは自己の存在感を確認できなくて、別の表現で自分探しをするのです。

自分で自分を見つめることのできる人はいないのです。人間は、人間関係のなかだけでしか存在できない存在なのです。

これは人間だけではなく、ニホンザルもそうだということです。サルの世界はボスを頂点とする、力の優劣のある社会です。サルもやはり掟を守らないサルにはお仕置きをするそうです。引っ掻く、叩く、蹴飛ばす、餌を取り上げる、罰もいろいろあります。

そのなかで最高の罰は、村八分だそうです。そしてその罰を受けると、ほとんど例外なく死んでしまうのだそうです。ですから村八分イコール死刑です。

極度の孤立はある種の死を意味するのです。社会的存在というものは、相互関係を失ったら存在が消えてしまうのです。存在が消えることのこわさ――人間関係を失うことのこわさということを、そのようにしてご理解いただければいいかと思います。

人間は、自分探しをしないことには生きられません。そして、そのときに価値観を共有できる友人を何人も持っていれば、自然に自分探しはできてしまうのです。そのこと自体が自分というものを確認することになるからです。

小学校時代は、友だちから学び、友だちに教えることに価値があります。ですからいろいろなタイプの友だちがいる子どもが健康です。友だちの数が多い子どもが健康です。小学校時代はクラスの全部が友だちです。転校生が出たときにはクラスみんなで悲しむ。クラスのなかに「友だちは大事なんだ」という雰囲気ができるように教育するのが、今日、小学校の教育者の使命だと思います。

そのように、多様な友だちと多様な学びを教え合っておいた後に、今度は中学から高校、大学に向けて友だちが絞られていくのです。そしてアイデンティティを確立するために狭く深い付き合いを始めるようになるのです。

暴走族の「こっち見て行動」

たとえば暴走族の若者は、グループを確立しようとします。伊藤幸弘さん（非行カウンセラー・元暴走族総長）がよく言います。「暴走族の若者はみんな寂しがり屋なのです。例外は一人もいません。みんな愛に飢えているのです」基本的信頼のところです。望むような愛され方をしてきたという実感がないのです。

ある暴走族の少年たちに「鈴鹿サーキットを開放してくれたら、思いっきり走ってみますか？」ときいたことがあります。彼らは「観客がいたら走る」と答えました。なるほどと思いました。「こっち見て行動」なのです。だから誰もいなければ、鈴鹿サーキットを走ったって面白くないのです。なぜ住宅街を走り回るか。非難の目であろうと何であろうと、目を向けてもらうことがいいのです。だから暴走族はお祭りの日に走るのです。しかめ面でもいいのです。顔を向けてくれることが大切なのです。テレビが来てくれたら最高ですね。

人間というのは、屈折した人間関係でも、なくては生きていかれないのです。

幼児の「こっち見て行動」

その芽が保育園や幼稚園での注意獲得行動「こっち見て行動」ですね。保育士がいちばん嫌がることをわざとする。そうしないとこっちをしっかり向いてくれないからです。暴走族の若者と同じことを、一人で、孤立無援の状態でやっているのです。苦労しているのです。その気持ちをわかってあげなければいけません。「愛されてきた記憶や実感のない」子どもの気持ちをわかろうとする努力をしなければなりません。

それはかわいげのないことをしますから、簡単にはかわいがれません。けれども、その子のそういうところを思いやってやることなしには、正しい対応はできないと思います。悪いことをしたら叱るという「しつけ」ではだめなのです。

世の中には、今の若者は甘やかされて育ってきたからだ、などという誤解がありますが、とんでもないことです。本当の意味で甘い愛情を受けて育ってきたのではないからです。

なぜかつてはしつけが上手に行われたかというと、基本的信頼を育てる力が家族や社会にあったからです。基本的信頼が育っている子どもには自分の衝動をコントロールしやすい基盤がありますから、しつけがしやすかったのです。本質を履き違えないよう理解していただきたいと思うのです。

七　成人期

人は孤立したら人を受け入れることができない。よい友人やよい同僚を持つことが大切だ。

「成人期」「壮年期」「老年期」がどの年齢層を指すかは、国、社会、時代によって変わっていくと思います。

親密性

この親密性（intimacy）とは非常に深い親密さです。大人になったら、今までとは違った意味でのより深い親密さを求めたパートナーとの関係が必要になってきます。

その典型的なモデルの一つが結婚ですが、人と親密に交わることができなければ生産する力がないとエリクソンは言います。今日私たちがだんだん子どもを産むことができなくなってきたという背景には、単に夫婦の問題だけではなく、本当の意味での人間的な連帯性を失ってきたということがあると思います。

連帯性

大人になると、人は人と連帯して生きていきます。他者のために自分を与える、あるいはこのグループのために自分を与えるという気持ちになれたときに、若い成人期を最も生き生きと生きられるのです。多くの場合、職業集団に恵まれることが必要なのです。そういう人、そういうグループや仕事を見つける、それが、人間の持つ生産性や創造性の原動力、あるいは創造性そのものだとエリクソンは言いました。これは幼児期の後半の自主性、主体性、積極性と強烈につながるものです。自主性、主体性は創造力の芽なのです。競争というものは共感や友情とセットになったものです。羨望や嫉妬の感情ではないのです。競い合う良い仲間ということです。競争は共感があって初めて成り立つのです。勝負が終わった後、心から握手ができる。ラグビーではゲームの終了をノーサイドといいます。あちら側もこちら側もない、敵味方なくなった瞬間をレフリーはノーサイドというのです。ゲームオーバーよりいい言葉ですね。

生産性

「生産性」(productivity)とは、目に見えるものを作りだすだけとは限りません。詩や音楽を作る、哲学、思索をするというようなことを含めてです。農作物を作る、コンピュータを作る、立派な本を書く。それから子どもを健康に産み育てるということ、みなこれは生産性です。生産性というのは、いってみれば、私たちがものを共有する社会に価値を生み出すということだとお考えいただくといいと思います。

生産性の背景にあるのは、根源的に変わらぬ愛だとエリクソンは言います。愛があるから人々と本当に親密に交われるのです。

親密さは、基本的信頼の上に自律性、その上に積極自主性、そして勤勉さ、さらにその上にアイデンティティと、ずっと積み重なって育てられてくるものです。ですから幼児に深い愛を期待することなどはもちろんできません。「思いやりのある子になりなさい」などと小さい子に言っても無理なのです。小さいうちはただ思いやりをかけるだけでいいのです。

たぶん、そういう深い意味をこめて、福沢諭吉は、教育というものは「言葉によらしむべからず、態度によらしむべし」と言ったのだと思います。

エリクソンはよく「自分をこの人のためにかけてしまってもいいと思えるほどの人がいますか」と問いかけたそうです。そのためには、かける自分がなければだめなのです。それがアイデンティティです。

芸能人の「こっち見て行動」

アイデンティティがない者同士の錯覚のような愛というものがあります。本当は相手を愛しているのではなく、愛されたいという欲求――基本的信頼のもとになるものを、一生懸命求めているのです。

週刊誌などで報道される一部の芸能人のケースもそうかもしれません。愛を求めている。

しかし、相手を愛する力はないというわけです。だから何も生産しないのです（披露宴には莫大な浪費をされたと思いますが）。

芸能界には「こっち見て行動」の人が多いですね。愛を求める力は強烈にあるのですが、人を愛する力は弱いので、絶えずあちこち走り回っています。

ある俳優が、奥さんとお子さんがいらっしゃるにも関わらず、若い女性と海外旅行をしている間に、奥さんは離婚宣言された、という事件がありました。びっくりして帰って来られました（びっくりすることはなくて、当然のことですね）。帰って来て、テレビカメラに向かって、「男は同時に二人の女性を愛する」などとおっしゃっていましたが、とんでもないですね。「同時に二人の女性に愛されたい」だけなのです。

精神科の専門家が芸能人を調べるということはしませんが、なぜあのように花から花へと移る蝶のような生き方をするのかを調べれば（調べるまでもなく明らかですから誰も調べませんが）、成育史がわかりやすい問題を提起してくれると思います。

アイドル発掘のポイント

ある芸能プロダクションの方からお話を聞く機会がありました。街を歩いている若者をスカウトする際の重要なポイントがいくつかあるそうです。まず見た目がかっこいい、これはやはり第一条件ですね。

もう一つは、生い立ちのなかで愛に恵まれていないということ、これが大切だそうです。「愛に飢えている」ことは、身なりや素振りを見ればすぐわかるというのです。「こっち見て行動」が強い。その背景にあるのは、十分に愛されてこなかったということ（十分どころではないわけですが）です。これを直感で見分けるのだそうです。

芸能界でやっていくには、みんなに振り向いてもらうためならどんなことでもしてみせるという人でなければだめなわけです。ですから、恵まれた人にはなじめないのです。そんなことをしてまで見てもらう必要はないからです。もう十分見てもらっていますから。なるほどと思いました。そんなときにもエリクソンの尺度で見ていくとよくわかりますね。

それはそれで悪いことではないのです。そして架空の愛でも、確認しながら、人は生きていこうとするのです。そうすることなしに安定した人生を歩むことはできないのですから。

罪を憎んで人を憎まず

自分の子どもに保険金をかけて殺してしまった母親がいました。自分の産んだ子どもに愛を与えるよりは、自分が愛を求めて彷徨う。愛されることなしに人を愛することはできないのです。

以前、裁判所の証人をお引き受けすることがしばしばありました。たいていの場合、私は弁護側証人でしたから、どういうことを弁護しようとしているのか、どういう生い立ちで、どういう経緯があったかということを、可能な限り聞いてから出廷するわけです。そうするとやはり同情というと変ですが、そういう気持ちを禁じ得ないわけです。

ある意味では無罪です。調べれば調べるほど、そうならざるを得なかった必然のようなものが、本人だけではどうにも解決できなかったものがあるのです。

おとうさんようなことを言っていたらみんな無罪になってしまうと言う息子に、そういうことを、本当に賢い人は、罪を憎んでも人は憎まない、と見事な言葉で言ったんだよと説明したことがあります。

人間のいろいろな営みにはある種の必然があるのです。それぞれが、いろいろな程度に自分の力で何とか取り返そうとして生きているのです。多くを取り返さなければならない人、どうしても自分では取り返せなくなってしまった人、あまり取り返す必要がない恵まれた生い立ちを持っている人、さまざまな人がいます。もちろん環境のほかに、持って生まれた体質――遺伝的要因も部分的にはあるでしょう。そういうことも絶えず頭に置いていただければと思います。

自分を本当にかけてもいいという対象を、仕事にも、あるいは結婚の相手にも、どうぞお見つけになるように。若い成人期を迎えた方たちには、こんなことをちょっと申し上げておこうと思います。

八　壮年期

現代人は、怒りの感情をコントロールできない。相手の立場になってものを考えられない。そして容易に自己破壊的な行動をとる。

昔は中年といいました。人間のある種の円熟期です。「世代性」「生殖性」がテーマです。「生殖性（generativety）」とは、ものを新たに産み育て、時代を継続していくという意味です。

世代性を生きる

壮年期を生き生きと生きている人は、前の世代から引き継いだものをたくさん持っています。そして自分の生きた時代のものを新たにつけ加えるのです。そしてそれを次の世代に譲り渡していくという実感を持った生き方ができたときに、世代性を生きているとエリクソンは言いました。

たとえば農業では、いろいろ積み重ねられてきた技術や方法を自分の時代にしっかり受け継ぎ、その上に、品種改良や新しい農法を生み出す。そしてそれをそっくり次の世代の若者たちに譲り渡していく。

学者は先人の研究をしっかり引き継ぎ、その上に自分の時代の新たな一ページを開き、それを次の若い学者に引き継いでいく。何も、そういったおおげさなこととは限りません。どんなところで、どんな生き方をしていてもそうなのです。

私は精神科の医者ですから、先人が作り上げてきた精神医学の体系をできる範囲で一生懸命学びました。そして先人の時代にはどうしてもわからなかったことを、ささやかながら自分で作り上げていった面もあると思います。それは同時代の人にいろいろなことを教えられて、さらに先人に教えられ、そして自分も小さな努力のなかで作り出していったことなのです。そしてそれを若い医療従事者や福祉の従事者に申し送りしていくことができるという喜びがあります。

三世代家族のときは、そういうことが自然に営まれていました。

たとえば若い夫婦が、冠婚葬祭その他、日常的でないことがふいに起きたときに、どうしたものかと先代に相談する。私たちの時代はこうして来たものだと教えられる。若い夫婦は、この部分は今の若い人には受け入れられないかもしれないから、一部このように変えてみたらどうだろうかと、また先代に相談する。

いったん引き継いでから、修正を加える。そして、それをまた自分の子どもたちの世代に伝える。こういうことが日常的に、家族のなかで、地域社会のなかでかつてはできていました。そういう時代の壮年は、ごく自然に生きているだけでごく健康に生きられました。

ところが、今はそうではなくなりました。「濡れ落ち葉」だの「粗大ゴミ」だのと言われて、世代性を生きるような実感がなかなか高まってきません。それは何も壮年期の人たちだけの問題ではないのです。ずっと引き継いで営まれてくるところの問題です。

社会のなかでいろいろな問題が起きたとき、そこのところだけいくら見つめても、問題の本質は見えにくいものです。けれどもその前の世代にさかのぼって考えてみると糸口が見えてきます。さらにさかのぼると、もっとよく見えてきます。そういうときのモデルとしてエリクソンは本当にわかりやすいと思います。

先人からものを学ぶことなしに新しい時代は築けません。まして次の世代に譲り渡していくようなものを築き上げることは不可能です。それ自体が孤立状態です。発展していきません。「停滞」です。

世代性の生き方の背景に分業分担があります。分業分担は、共同、共感と不可分のものです。ですから地域社会を喪失することは、社会的存在である人間を、いかに息苦しくしてしまうかということなのです。地域社会のしがらみから解放されて自由になったように見えますが、実は少しも自由になっていないのです。地域社会を構成する分の役割の責任を負うことなしには、人間というのは、本当に生き生きと生きることはできないのだということを、改めて学んだと思います。

地域社会や職場、いろいろなところで他者と共同して生きる。共感して生きることが人間の本来の生き方です。

世話焼きの人がいなくなった時代だといわれます。近所の怒られている子どもを助けに行かれるのは、相手のお宅に対する強い信頼があるからです。「余計なお世話だ」という強い拒否や怒りにあうことはないと信じているわけです。ですから大泣きしている子どもの手を引いて「ごめんください」と勝手に入って行ってしまう。オープンマインドの時代でした。お互いが信頼し合っていたのです。

人間関係がストレスを生み出すばかりの時代になりました。そういうことから逃避した状態が引きこもりです。本来であれば、それまでに人間関係でストレスを癒すことを学んでいるのです。ところがその積み重ねがない。人間関係で癒せなければ極端な場合には引きこもるしかありません。そのことがますます精神の健康を蝕んでいく。非人間的な状態に追い込んでしまうのです。

そのなかで若者が一生懸命する行為というのは、結局は自分探しなのです。けれども自分というものは、他者がなければ見えてこない。こういう矛盾のなかにいるわけです。

モラトリアム人間

モラトリアム人間という言葉があります。モラトリアムという言葉も、エリクソンが採用した言葉です。

モラトリアムという言葉は、本来、商取引の世界で、支払いを猶予してもらうという意味です。商品を買いつけるが、それがある程度売れるまで支払いを猶予してもらうという意味です。

この言葉をエリクソンは人間の成熟に持ちこんだのです。年齢相応の成熟をするまでにまだ猶予期間が必要な人のことです。エリクソンのライフサイクルモデルを順調に歩んで来られなかった人たちに対して、思春期、青年期、あるいは若い成人期に、もう少し猶予期間を与える必要があるという意味合いで使った言葉です。

『モラトリアム人間』という小此木啓吾先生の名著があります。この本によりますと、モラトリアム人間というのは、一言でいえば、アイデンティティが確立されるプロセスを歩んでくることができなかった人たちです。

決して文化を継承しない。当事者にならず、いつも傍観者でいる。批判批評だけはする。モラトリアム人間の特性を、小此木先生はこんなふうにあげておられます。

確固たるアイデンティティがないから当事者になれないのです。私は一部のシングルマザーもある種のモラトリアムだと思います。当事者にならない。いろいろなものを引き受けられない。その父親である男性も同じことだと思います。

そういうふうに私たちは問題の本質を直視することを避けて、自己愛的に生きてきた、あるいは生きているということがおわかりになると思います。自己愛の時代です。他者を愛せない、他者の愛を知らない。だから他者を愛せない。親やいろいろな人からゆっくり十分に愛されてきたという実感を持たない人が多くなったのです。

他者から愛されてきたという経験がない。そうしたら悪意がなくても自己中心的にしか生きられないでしょう。

いろいろな問題の中心が基本的信頼というところから始まるのだということがおわかりになると思います。たいていの難しい子どもは、そこのところの問題なのです。だからその先にいかないのです。数の概念がない子どもたちに足し算や引き算ができるはずはないのです。

九　老年期

ストレスや欲求不満の原因は、ものの感じ方にある。周囲の人の短所に敏感で、長所に鈍感だと最悪である。

人生の晩年です。

私はもうすぐ六五歳になりますから、公式の高齢者です。自分ではどんなに若いつもりでいても、役所は高齢者として設定するのです。ですから「統合と完成」、そうならなかったら「人生を絶望に終わる」時期に入りました。

エリクソンも、老年期のテーマになりますと、必ずしも最晩年に思索をしたわけではないこともあって、やや抽象的、思索的、哲学的になります。それはそれでとてもいいなと私は思っています

統合

エリクソンは、こんなことを言います「私たちの宇宙は一五〇億年の歴史を持っています」。長さを想像できませんね。地球の歴史は四六億年なのだそうです。

宇宙の果てまでは約一五〇億光年あるのだそうです。一光年の速さで一年かかる距離です。光は一秒間に地球を七回半回るのだそうです。我々が乗るごく普通のジェット旅客機でも時速五〇〇㎞を超えます。新幹線「のぞみ」が三〇〇㎞ですから、光というのは想像を絶する速さですね。宇宙の果てまで行くにはその光の速さで一五〇億年かかるというのです。

そんなに広大無限な宇宙のなかで、地球なんてほんの一点です。私たちはもし仮に最高の健康に恵まれて、摂生して生きたとしても、せいぜい一〇〇年でしょう。地球の歴史のなかでは一瞬です。世界をまたにかけて活躍したといっても、所詮一点の上をちょろちょろしたに過ぎないのです。若いときほど「今」「ここ」なのです。年をとるにつれて、前の世代はどうだったのだろう、後世はどうなるのだろうと、広がりを持っていくのです。だんだん視野が広がっていきます。広がれば広がるほど成熟があるのです。

人間というのは若いときほど秩序を無視します。小さな秩序にも苦痛を感じ、束縛から逃れようとします。だんだん本来あるべきことがわかっていきます。過去、現在、未来、人類ということを、そのなかの「私」ということを、じっくり考えるようになります。こんなことを真剣に考え始めるようになると、老い先短いのかもしれませんね（人生が完成に向かったということでしょう）。

広大無限の宇宙の営みのなかに自分が生命を与えられたということに、秩序を感じ取ることができるかどうか。自分の人生に感動と満足を感じることができる、感謝ができるということは、こういうことにまで考えが及んだときだとエリクソンは言います。

これはなかなかわかりにくいことですが、わからなくてもいいのです。たぶんこれからそういう境地になるのだと思います。私は少し思うようになりました。なるほどなあと思うようになりました。

自分の存在など、一点、一瞬のようなものである。けれども、一点、一瞬の自分の命も、脈々と続いた歴史のなかで、あるいは広大無限の宇宙のなかで、きちんと秩序に組み込まれた状態として存在し得たのだということを、やはり感じるのです。だんだん自分の人生にそれなりに、これでよかったのだという気持ちが出てくるのです（死んでも死にきれないと思っているうちはだめなのです）。

自分の命への感謝が、次の世代を思いやる力になるのです。

倫理と世代継承

エリクソンは、「倫理は世代継承の連鎖のなかで、何度も生み出され、生み直されながら、育てられてゆく」と言っています。

倫理観は、世代間に継承されていき、洗練されていくのです。私たちは今、世代間の継承する力を失っています。だから倫理的でなくなったのです。

世代継承ということを尊重する気持ちがなければ、高齢者への配慮や尊敬の念は生まれてこないと思います。こういうことが今、比較的速い速度で壊れてきているということを、あらためて考えてみたいと思います。

十　現代社会の問題に照らして

誰も子どもの言い分などに、心から耳を傾ける人がいなくなってしまう時代が、もうすぐ目の前にやって来るような妄想にとらわれることがある。錯覚や妄想ならよいが。

今、私たちの社会にある問題を整理することで、違った視点からこれまでのまとめをしていきたいと思います。

「育児が辛い」から「育児が嫌い」に

「SPA」という雑誌にのった「ブレークワイフ」というコラム風の記事です。石川結貴さんというフリーランスのジャーナリストの方が書いたものです。一九六二年生まれ、結婚一二年目になる二児の母とあります。日本の親子関係や家族問題、育児問題などを終始一貫してルポしていらっしゃいました。

つい先頃まで、日本の母親は「育児が辛い」と言っていた。けれども育児が辛いと言っていた頃の母は努力をしていた。そして育児にいろいろな悩みを持っていた。ところが、いつの間にか日本の母親の育児の傾向が変わってきた。「育児が嫌い」と言う母親が増えてきたのだ。「育児が嫌い」と言うにつれて育児に対して努力をしなくなった。そして悩みもしなくなってきた。

これは終始一貫して一つの道を、ある問題意識を持ちながら取材してきた人が感じる強烈な実感です。優れた指摘だと思います。

育児は他者を愛する感情がない人にはできません。人を幸福にすることなしに自分が幸福になれるということは決してないのです。

ですから、育児が辛い、けれども努力をする価値があると思っていた時代のおかあさんより、今のおかあさんの方が育児から解放された分だけ幸福になったかというと、不幸になっていると私は思います。育児を放棄して自分のしたいことをして、本当に幸福になれる人は、実際はいないのです。自己愛者はたえず強い欲求不満のまま生きなければならないと思います。そういう時代になったということを、私たちは知らなくてはならないと思います。

引きこもる若者たち

引きこもる若者について、朝日新聞は一九九七年頃から非常に熱心に取材、報道するようになりました。塩倉裕さんは三〇代後半の新進気鋭の記者です。『引きこもる若者たち』（ビレッジセンター出版局　一九九九年　朝日文庫　二〇〇二年）という本をお書きになりました。

引きこもる若者たちの共通した感情は、人に直接会うことが苦痛になってしまったということだと、塩倉さんは結論的に書いていらっしゃいます。その塩倉さんが、現代人はコミュニケーションができなくなったとおっしゃっているのです。

赤の他人でもすれ違えば心は通う、こういうものが本来人間には備わっていました。けれどもそういう人間の時代は終わってしまいました。大学生だけではないのです。

コミュニケーションは、特別な努力をして習得しなければならない課題になってしまったのです。

コミュニケーションは相互関係です。会話ができるできないではないのです。英会話の勉強をコミュニケーションとは言いません。英語がどんなに下手でもコミュニケーションはできるし、どんなに自由に外国語が話せてもコミュニケーションできない人はできないのです。共感し合うことができるかどうかということだと、ご理解いただいてもいいと思います。

虐待する母親たち

虐待について非常に深い洞察をする保坂渉さんは共同通信社の記者です。

若い記者の方は本当にエネルギーがありますから、現代の問題に真正面から立ち向かっていかれます。あちこち取材をして歩かれる。問題意識をしっかり持たれる。問題を整理する優れた力がある。保坂渉さんの『虐待―沈黙を破った母親たち―』（岩波書店　一九九九年）は名著だと思います。

保坂さんは、我が子を虐待してしまったたくさんの母親に出会って、さまざまな例を紹介します。

ある母親は、自分自身が幼い頃、自分の親から明らかな虐待を受けて育ってきて、そして自分で子どもを持ったとき子どもを虐待してしまった。ところが、こんな恵まれた生い立ちを持っていて、どうしてそんなことをしてしまったのかと思えるような人がいる。その例をあげています。

学校の勉強がよくできた。偏差値の高い学校をずっと渡り歩いてきた。蝶よ花よと育てられ、おけいこごとも何でもよくできた。世間で評判の高い大学を卒業して、周囲の誰もが祝福してくれる、あるいはうらやむような人と結婚した。最善の人生を歩んできたように見える。そして、子どもを持って、我が子を虐待してしまった。こういう実例もあるのです。

母親たちは一見さまざまです。けれども実は見事な共通点がありました。本人が愛されてきた記憶や実感を持てないでいるのです。

エリートコースを驀進《ばくしん》してきたおかあさんのインタビューも実感があります。小さいときからいつも自分の方から親を喜ばせるような役割ばかり演じてきた。だからおけいこごともよくやった。親の期待に応えるために偏差値の高い学校に合格するよう一生懸命勉強した。親の喜ぶ顔を見て自分も喜び、親の悲しむ顔を、親の怒る顔を見るのが辛かったから、そういう顔を見ないですむようにいつもふるまってきた。

これは反対です。子どもの喜ぶ顔を見て親が喜び、子どもの悲しむ顔を見て親が悲しむのです。感情が親子で逆になっているのです。これは子どもが親の自己愛の対象です。ペットです。お手と言えばお手、ちんちんと言えばちんちんをして回っているようなものです。保坂さんは書いています。親から愛された実感がないのに、自分の子どもを目の前にしてどのように愛してしていいかわかるはずがないではないか。実に見事です。

私たちが自己愛的になった時代に、子どもを愛するということは本当に難しいことです。子どもを愛しているのか、自分で自分を愛しているのかわからないような愛し方をしてしまうのです。こういうところから私たちは学ばなければなりません。

空虚な自己、透明な自分

犯罪精神医学の専門家である影山任佐先生が、『空虚な自己の時代』（NHKブックス一九九九年）という本を出されました。「空虚な自己」というのは、別の表現をすれば、アイデンティティが確立されない若者たちということです。

神戸の「酒鬼薔薇」少年は報道機関に送りつけた犯行声明文に「透明な自分」という言葉を使っています。見事な言葉を考えたと思います。「空虚な自己」と「透明な自分」というのは、見事に一致している言葉だと思います。そしてその顕著な現象として、朝日新聞の塩倉裕さんは「引きこもる若者たち」と言ったのです。みな基本は同じことなのです。そういう若者たちの引き起こしてしまう事件に対して終始弁論をしてきた、野口善国さんは、「愛されてきた実感を持てない子どもの気持ちがわかりますか」とおっしゃっています。現代社会の人間のあり方、人間関係のあり方を象徴するような言葉です。野口さんは、「酒鬼薔薇」少年だけではなく、「少年A」と匿名で報道された非常にたくさんの少年の問題を表現しておられます。長年その道一筋に活動をしてこられるとわかるのです。そうでない人にはどうしてあんな凶悪な犯罪を起こしてしまうのか、おそらく理解できないでしょう。

愛された記憶や実感がないということは、基本的信頼が確立されていないということです。当然アイデンティティが確立されるはずがないだろうと、エリクソンなら言うでしょう。いろいろな人がいろいろな視点で表現することが、エリクソンの尺度を持っていると、見事に整理されてきます。

おままごと遊びの変化

保育園や幼稚園でおままごと遊びが成立しなくなったと言われます。家族の演じ方がわからない、あるいは演じたくないのです。

かつて、家族があった時代は、子どもたちはままごと遊びが上手でした。そしておかあさん役が花形でした。みんながしたがるので、おかあさん役を選ぶのは大変でした。ところが、今はみんなおかあさん役を嫌がるのだそうです。子どもにとって魅力的な役ではないのです。それならおとうさん役かというと、おとうさんはとっくの昔にいないのだそうです。どう演じていいかわからないのでしょう。

おかあさん役は、やり方はわかるけれども嫌なのです。無理におかあさん役をさせると、命令ばかりしているそうです。「早くしなさい」「こんなことじゃだめでしょう」。怒ってばかりいるそうです。

ではどんな役をやりたがるのかというと、ペットなのだそうです。首にひもをつながれて引っ張り回され、お皿をぺろぺろなめているそうです。

子どもは実に正直に語ります。子どもにとって親はアイデンティティのモデルではなくなってしまった。こんな不幸なことはありません。

生い立ちのなかで、大きくなったらおかあさんのようになりたい、おとうさんのような大人になりたいと思う時期があることが、極めて自然であると同時に幸福なことであると言われます。いつまでもそう思っていなくてもよいのです。ほんの一時期でいいから、そういう時期があることが望ましいのです。

子どもは大人になりたいのです。ですから大人の様子をふるまうのです。三輪車に乗っていても白バイに乗っているような実感を持ちます。昔の子どもは竹箒をまたいで馬に乗っているような気持ちになりました。こういう空想の世界に子どもは生きて、誰々のような大人になりたいと思うことが望ましいのです。

ところが、現代の子どもはペットになりたいのです。おとうさんにもおかあさんにもなりたくないのです。どう見ても家庭のなかでペットがいちばん幸福そうに見えるのでしょう。

将来を考えない日本人

生きる力を与える最も根源的な力を発揮するのは母性だといわれています。現代人は「母性」や「父性」という言葉を使うことすら嫌うようになりました。「親性」「両親性」などと曖昧にして、自分たちがその日その日を何とか快楽をもって望むように生きようとしています。そしてこんなに切羽詰まった世の中にしてしまっても、まだ明日を考えないのです。本当にひどいことになりました。

六〇〇兆円以上の国家負債があるそうです。とんでもない額です。イメージできませんね。生まれたばかりの赤ちゃんから、高齢者まで含めて、一人平均二四〇万円の借金だそうです。これは政治家が返してくれるのではないのです。我々が返すのです。

なぜ政治家がそんなに借金をしてしまったかというと、我々のご機嫌をとるためです。もう少し耐久生活をしてくださいと言われたら、我々はその政治家を選ばないのですから。あらゆるところで我々はとめどない欲望を持っています。欲望を持ち合っているから、どんどん社会は難しくなるのです。「もっと手立てを」の結果が、この借金なのです。

政治家は時代に逆行するようなことをしたら当選できません。ですから借金をしてでも子どもにおもちゃを買ってやる。そうしているうちに、私たちは一人頭二四〇万円の借金です。東京都政は都民一人四〇万円の借金です。私は日本国民で東京都民ですから、知らないうちに二八〇万円の借金ができてしまったということです。家内と二人で五六〇万円です。

たぶん自分が生きているうちに返すことができないという人が多いでしょう。そうすると次の世代に、それこそ世代性ではありませんが、とんでもないことを譲り渡していくわけです。そうしたらせめて次の世代の人を多く産んでおかなければ。健全に育てておかなければ。ところがそれもせず、自分は世界最高に長生きするのです。

長寿国、少子国

日本は世界最高の長寿国です。女性は平均八四歳（二〇一九年には八七歳）まで生きるのです。

男性は七七歳（同年には八一歳）を超えました。悪い環境に生きていて最長寿などということはあり得ないでしょう。けれども、平均余命が短い恵まれない環境の人たちより、私たちのほうが苦情が多いかもしれません。

一方、日本は世界第二の少子国になってしまいました。合計特殊出生率が一・三四人（一九九九年）です。第一はわずかな差でイタリアの一・一九人です。合計特殊出生率が一・一九人というのは、一組の男女——二人の人が死んだ後、限りなく一人に近い人しか残していかないということです。そうするとどういうことになるか、目に見えています。次の世代の命を思う力を最も失ってしまった国が、イタリアと日本なのです。

しばらく前まで一位はドイツだったのですが、ドイツは回復しました。

私たちはかなり能天気な生き方をしていると思います。一〇代の少女の売春を「援助交際」、まるで社会奉仕活動をしているように聞こえます。評論家は、もっともらしく、少女たちがそうなってしまわざるを得ない必然性があるなどと言っています。けれどもその「必然性」を持った社会をどう変えるかという、根源的なところに立ち至って考えようとはしない。本当に気楽なものです。

ドイツはもう少し深刻に考えました。ドイツは外国の働き盛りの人の移住を歓迎する政策をとったのです。

外国人は移住して来ても、必ずしも恵まれた職業を与えられるわけではありません。ドイツ人が好まない職を与えられるところからスタートするのです。職業的にも、経済的にも、住宅についても、ドイツ人に比べて恵まれない条件にいながら、ドイツ人の二倍以上も子どもを産んでいるのです。

生活条件は少子化の原因ではないのです。少子化の原因は我々の欲望の肥大だと思います。自己愛的な感情です。

競輪事業によって財政が豊かで、公共施設が充足している市があります。保育園もたくさんあり、常に受け入れ可能な状態です。そうしたらその市は合計特殊出生率が高いかというと、そんなことはなくて、全国と同じなのです。

保育園が整備されれば女性は子どもを産むかというと、それは全くといっていいくらいないと思います。そのようにいうでしょうが、実際に整備してみると、たぶんそうはならないと思います。子どもは産みっぱなしで、全部誰かが育ててくれるとなったら、ちょっとは増えるかもしれません。それでも、出産の苦痛を考えたら嫌だと言う人がいるかもしれないと思われるくらいです。

幼稚園はどんどん保育園化し、保育園はどんどん児童養護施設化してきたといわれています。家庭の養育機能がなくなってきたのです。高齢者も、幼い子どもも、全部誰かにケアしてもらうという方向がどんどん強くなってきました。それはなぜかというと、私たち大人が自己愛化してきたからです。自分の身を処するので精一杯なのです。

こういう方向は、どんどん個人を孤独にし、追いつめ、社会的存在でなくして、不幸にしていくということはわかりきっています。しかしどう手を打ってよいかわからず、私たちは苦しんでいるのです。

私には、そういうことへ対応するための政策立案をする能力は全くありません。けれども人間はこういうふうに生きていかなければ幸福に生きられないのだということを提示することはできると思って、こういうお話をしているのです。

大人がこういうふうに自己愛的に生きてきたのですから、その子どもが自己愛的でないはずがありません。その子どもが高齢者に心のこもったケアをするとは考えられません。ですからたぶん外国の人に来てもらわなければならないことになるだろうと思います。けれども日本人はそれが明日に迫るまで、気づかない、見て見ぬふりをしている国民です。それが小学生、中学生のいじめの世界にも現れているわけでしょう。見て見ないふりをする生徒が年齢が大きくなるにつれて多くなってしまうのは日本だけだそうですから。

こうしてみなさんと一生懸命勉強していることが焼け石に水だということは承知しているのです。けれども私たちはそのなかで、今、目の前にいる子どもや家族を救いたいと思っているのです。

数年前に立花隆さんと大江健三郎さんがテレビで対談されたことがありました。対談が始まる前に、別々に、「人類は滅びると思いますか?」とたずねたところ、お二人とも滅びると思う、とおっしゃっていました。識者はやはりそう思っていらっしゃるのですね。人類は、ある意味では知能が肥大した存在だから、あらゆる抵抗を試みながら、けれども結局はジリ貧で滅びていくだろうとおっしゃっていました。

何年先かわかりませんが、日本人はたぶん滅びの早い国民だと思います。けれどもその前に、あどけない子ども、そしてその子どもと苦労をしていらっしゃる御家族の方を少しでも救いたいのです。

世界最高の水準でペットを飼う国

私たちは世界で最も子どもを産まない国になりましたが、世界最高の水準でペットを飼う国になりました。保健所に登録されている犬だけで百数十万匹いるそうです。そしてそれがどんどん高価な犬になっています。

子どもを産み育てる感情とペットを飼う感情は正反対の感情です。たとえば捨てられた野良犬を救うことは、子どもを育てるのと同じ感情です。けれどもペットを買って来て飼いたいという感情は違うのです。高価なペットを飼いたいという感情はもっと違います。相手に愛情を与えるのではないのです。自分が癒やされたいのです。私たちはそういう傾向がどんどん強くなりました。

日本は高価な血統書付きの犬や猫がよく売れ、世界中の輸出国が最大のマーケットにしているということです。動物保護条例で取引が禁止されている動物が大量に密輸されています。マンションで逃げ出した巨大なヘビに噛まれた主婦の方がいましたね。

子どもは産まないけれどもペットは世界最高の水準で飼う。しかも高級志向になってきた。こういうことを日本人の感情として、私たちは考え直してみなければならないのです。犬の毛を染めたり高価なコートを着せて散歩に行く。コートを着せると尻尾を振るかもしれません。それはコートを着ることがうれしいのではなくて、散歩に行けることがうれしいのです。犬は迷惑でも我慢しているのかもしれませんね。我々の自己愛です。

子どもというのは血統書付きで産まれてくる保証がないものですから、なかなか産まなくなったのです。自分に自信がないのです（自分が産んだら血統書付きだと思うくらいがいいのです）。

母をなくした日本人

東山弘子さんは高名な臨床心理家、カウンセラーでもいらっしゃいます。東山さんが渡邉寛さんというカウンセラーの方と対談方式で作られた本が『母をなくした日本人―希望としての「母」の発見―』（春秋社　一九九三年）です。相手をありのまま承認する、ありのまま受け入れる、こういう力が母性性です。東山さんと渡邊さんは、人間の生きる力を最も根源的に力強く与えるものが母性性だとおっしゃっています。本当にその通りだと思います。母をなくすということがどんなに人の力を弱くしてしまうことかを、わかりやすく著名人を例にあげています。

タレントの岡田有希子さんが出ていました。おかあさんはやさしくなかったのだそうです。そして尾崎豊さんも同じくおかあさんはやさしくなかったのだそうです。

岡田有希子さんは中学のときに、ある芸能オーディションに受かったのだそうです。優秀な人だったのだと思います。大勢のなかから選ばれました。芸能界入りしたいと言ったら、ご両親はとても強く反対されたそうです。反対することは正常だと思います。子どもをあちこちオーディションに連れて歩く親よりはるかに正常です。

けれども反対の仕方が強烈でした。おかあさんは三つの条件をクリアしたら芸能界入りを認めるとおっしゃいました。今通っている中学で学業成績は学年一番になること（ほとんどの子はこれで絶望ですね）。二番目が中部東海地方合同の学力テストで五番以内に入ること。そして三番目が、地域の非常に偏差値の高い高校に合格することです。たいへんな条件をお出しになるのだなと思います。

尾崎豊さんはこのように書かれていました。青山学院の高等部在学中に不登校の状態になる。そしてある時期から中途退学したいとご両親に申し出た。ご両親はそれは強く反対された。そのこと自体はごく自然なことだと思います。けれども最終的にどうしても退学したいということになったときに、おかぁさんはこうおっしゃったのです。「どうしてもやめたいのなら、その前に私を殺しなさい」。すごい言い方ですね。

母性は子どものありのままを承認することです。そういうことにはおとうさんは反対だと思う。だけどあなたがどうしてもそうしたいというのならそうしなさい。あなたが言いに行ったらきっと喧嘩になるから、おとうさんの機嫌のいいときにお酒でも飲ませて言ってあげるから安心しておいで。こんなことを言ってあげられれば、これは母なるものです。そうすればあんな死に方をしないですんだと私は思います。

本当に母親が受容力、許容力を失ってきたということです。もちろん日本人は父もなくしました。けれども子どもの最も根源的な生きる力は母なるものなのです。母というものの人に与える安心感、与える力の強さには本当に大きなものがあると、私はかねがね思っています。

卒業した学校を母校といいますね。男子校の出身者であっても母校というのです。自分の国は母国です。国籍は人間の生きる一種のあかしです。みんな母国によりどころを持っているわけです。船が港を離れて荒波の大海に出かけるとき、よりどころにする船を母船と呼びます。いつ帰っても自分たちが停泊するところが用意されている港は母港です。日本人だけではないのです。英語で自分の国native landをmotherlandともいいますね。母国語はmother tongue。母国、母国語がどんなに自分のよりどころ、安らぎの場であるかということを、誰もが知っているのです。そういうものに世界中の人は「母」という字をつけるのです。

大人になりたくない

援助交際をする少女について、黒沼正史さんはとても熱心に取材していらっしゃいます。私は援助交際の少女のカウンセリングにあたることになったときに、黒沼さんの文章を一生懸命あれこれ読みました。

「大人になりたくない」ということが彼女らに共通した最も根源的な気持ちとしてあると黒沼さんはおっしゃっています。

成熟へのプロセスが歩めていないのです。依存と反抗を繰り返しながら、人間はらせん階段を上るように自立していきます。

依存と反抗は、安心できる人にしかできないのです。個人的に依存や反抗ができなかった人が、ある年齢になったときに集団で反抗するのです。暴走族もその一つのタイプです。

高校生の意識調査

私たちは今、自分は世界一長生きできるのに、次の世代のことを本気で考えない国民になりました。膨大な借金をわずかな人に押しつけていこうとしている。そんなつもりはないと言っても、日本人全体の流れとしては結果としてそうなのです。

そういう大人たちの生き方に対して、現代の若者たちはどのように感じているのでしょうか。

高校生というのは教育の効果がいちばん現れる年代です。一七歳だけを特別視するわけではありませんが、教育の効果を確認できる年齢です。

その高校生に対して、日本青少年研究所が、親に対する意識の調査をしています。しかも諸外国と比較するのです。

一九九六年の調査です。中国と日本とアメリカの高校生に、親に対するいろいろな意識をアンケート形式でたずねました。

そのなかに、「あなたの親が高齢になったときに、あなたは最善を尽くして援助する意志がありますか」という項目があります。中国の高校生は六六%がそういう意志があると答えました。アメリカの高校生は四六%、そして日本の高校生は一六%です。

次は日本とアメリカと韓国で調査しました。中国のかわりに韓国を選んだのは儒教の国だからだそうです。儒教は親や先生を尊敬するという教えを中心にした思想です。その影響がどのくらいあるかということです。

質問は「あなたの両親を尊敬しますか?」です。

親に対する基本的な姿勢をきいているのです。自分の両親を尊敬するかしないか、こういう姿勢を聞いているのです。

自分の両親を尊敬すると答えたのは、アメリカの高校生は八〇%です。韓国は五五%、日本は一〇%です。

私たちの生き方を非常に見事に象徴してくれています。研究者の人は国際比較で教えてくれました。ただ単に若者ということで報道されたら、「まあ若者というのはだいたいこんなものでしょう」と思ってしまうかもしれません。私たちはすぐ自己愛的にその場しのぎをしようとします。ところがよその国の若者は違うのだということなのです。この年頃の若者がみんなそうなのではなくて、日本の若者がそうなのだと青少年研究所の人が訴えているのです。

教育にはお金がかかる。我々はいろいろな言い方をします。では、お金をかけて手厚く育てた子どもがどうなっているのか。やはりきいてみなければならないのです。学校のブランドをこの子に着せたいということがあるのではないでしょうか。高価な血統書付きの犬を飼うのとたいして変わらない育児です。

基本にあるのはみんな自己愛です。我々はみんな、他者を愛する力を失いつつあるのです。基本的信頼というものが自分自身のなかにしっかり育てられていなければ、相手を思いやるとか、相手に豊かな愛情を注ぐということはできないのです。

他者から望んだような愛情をかけられてきていなければ、自分で自分を愛するしかないのです。それが自己愛です。他者から愛された人しか自分で自分をコントロールするという次の段階にいけないのです。

エリクソンの言うように、臨床活動というものは、いつも不足のあるところからやり直しをしていくのです。教育もそうだと思います。不足部分をどう補っていくかです。けれども、後になればなるほど、困難は大きくなります。そのために使える日数は少なくなります。そして大きな努力の末の結果は小さいのです。

相田みつをの言葉から

そのままでいいがな

相田みつをさんの言葉のなかで、この言葉が私はいちばん好きです。相田さんがこういうところに辿り着かれるまでには、さまざまなご苦労、苦悩や葛藤があったと思います。それを整理していってこのような境地に達せられたのだと思います。「そのままでいいがな」というのは、ほったらかしにしておくということとは全く違うのです。相手を信じきっているのです。

待つ

待ってもむだなことがある
待ってもだめなこともある
待ってむなしきことばかり
それでもわたしは
じっと待つ

無駄かもしれないけれども、それでも私は待つと、念を押されています。何かを待つとは一切言っていないのです。ただ待つのです。

物事の成長を助けることができるのは、待つことが上手な人です。待てない人は成長を妨げます。信じることができなければ待てないのです。

遠くからみている

素晴らしい言葉ですね。「見ていられない」という言い方をよくするでしょう。それですぐそばに行って口うるさく言うわけです。

そのままではだめだと、子どもに自己否定させてしまう。遠くから見ていられなくて、すぐ側に行く。そして待てなくて「早く早く」と言う。これが育児の失敗の三大原因だと思います。相田みつをさんは短い言葉で実に見事におっしゃっているのです。

欠点まるがかえで信じる

信じるのです。欠点があっても「認める」などという傲慢な態度ではないのです。「信じる」のです。

みんなほんもの
トマトがねえ
トマトのままでいればほんものなんだよ
トマトをメロンにみせようとするから
にせものになるんだよ
みんなそれぞれにほんものなのに
骨を折って
にせものになりたがる

私たちは子どもをありのままで認められないから、トマトじゃ嫌だといってメロンにしようとするのです（この頃はメロンもよくいただくようになりました。昔はメロンを食べるようになったら大抵もう助からない病気と語られたものです）。だからそうならないと知り始めたら、いきなり血統書付きの犬ということになるのです。トマトが生まれたら困ると思っている人はメロンの犬を買いに行くしかないわけです。

子どもは産めない。育てる力はない。けれども、高級なペットを買いに行く財力はある。こういうことです。

本当はこういう少し遠い客観的な事実について、自分の家族や、子どもたちのご両親と話し合いをされる機会が必要なのだと思います。

いのち
いのちのバトンを受けついで
いまここに　自分の番を生きている

世代性を生きるということです。自分の両親で二人、それぞれの両親で四人です。そうしてたどって行くと一〇代前には一〇〇〇人を超え、二〇代前になると一〇〇万人を超えるのです。自分たった一人の、たった二〇代を考えるだけでも、一〇〇万人を超える人の命が引き継がれてきたのです。地球は四六億年の歴史があるのです。どれくらいの命を受け継いで自分の番を生きているのかわかりません。生命の尊厳、先人への思いと、自分の番を生きているという実感、そして自分の命を後世に託すということの意味、こういうものを、いつも思いながら生きていくということです。

日本は狭いということもあって、とにかく平らなところがあったら必ず人が住んでいます。山奥の山あい、谷あいにも、ほんの数軒であっても集落があります。何代も前からそこに住んでいらっしゃるのだと思います。先祖から引き継いだ財産を守り、田畑を守り、地域を守って、そこに暮らしていらっしゃる。みんな自分の命を、先人から引き継いで、住むところ、田地田畑、森林を受け継いで、そして次の世代に譲り渡していくのです。

本来、人間らしい自然の営みというのはこういうものだったのだろうと思うのです。

ただひたすらじぶんの道を歩みつづければそれでいい

人間にはみんな自分に与えられた道がある、長所がある、生きる意味がある、こういうことを相田さんは説うていらっしゃいます。

ところが私たちは、つい、こんな道を行ったっていい収入は得られないよなどと、無理にねじ曲げようとします。

多くの場合、本人はトマトでいいと言っているのです。

そのままがいいのです。トマトはトマトのままがいちばんいいのです。

私たちは、どんな花を見ても「いいね、この花なりの良さがある」と言えるのです。ひまわりも月見草も素晴らしい。ところが人間ですと「こんな子じゃやだめだ」ということをつい言いたくなってしまいます。

ひまわりや薔薇のように、派手にあでやかに咲く花も素晴らしい。だけど路傍に咲く小さなすみれの花もいいですね。花はよくて人間ではだめということはないと思います。どんな花にもその花の何ともいえない素晴らしさがあると、子どもに対して思ってあげられたら、子どもはみんないい子に育つと思います。

できるだけ早い時期に、人を信じて自分を信じて育つことができるように、ご両親と、あるいは多くの人たちと手を携えて、育児に、とくに早期の育児について、ご援助いただきたいと思っています。

二一世紀を考えたときに、乳幼児の育児ほど価値の高い、そして差し迫った重要なテーマはありません。

経済など、どんなに悪くなっても人は幸福に生きられると思います。けれどもどうしても世間は、とくに政治においては、経済のほうに目が向きます。大蔵大臣や経済企画庁長官も大切でしょう。けれども、象徴的な言い方をすれば、本当に大切なのは厚生大臣、文部大臣だと思うのです。人選が大切です。

少なくともみなさんは、そういう自覚を持って子どもを育てるという任にあたっていただきたいと思います。

このことの大切さを人々が認識しているかというと、そうではありません。それはいいのです。こういう重要な任務にあたっている、価値の高い仕事をしている、責任の大きな仕事をしているという誇りを、しっかりお持ちいただきたいと思います。

エリクソンの理論は、何かのときに戻ってお考えいただくのに、本当にものごとが整理され理解しやすい実践的なものだと思います。

エリクソンの発達論から

＊「佐々木ノート6・エリクソンに学ぶ」をもとに編集しています。

すぐれたエリクソンの研究

エリクソンをモデルにして、人間が成熟をする、あるいは人格を年齢相応に文化のなかで作っていくというのは、どういうことなのかをお話して、次にボーダーライン、その他さまざまのできるだけ広い範囲にわたって、うまくいかない場合の病理現象をお話しようと思っています。

私は、児童青年精神医学、とくに児童精神医学という臨床の勉強のために一九六九年から一九七一年までカナダのバンクーバーに滞在して、児童精神医学科に所属し臨床訓練を受けました。そのときに、児童精神科医の主任教授であったヘイミッシュ・ニコルという先生と、私の個人的な担当であった指導教授のカール・クライン教授の二人の先生が、エリクソンに大変強い関心を持っていて、とくにヘイミッシュ・ニコル先生は、格式のある系統講義をしてくれました。そして、カール・クライン教授は、エリクソンと親しい友人で、一緒に勉強しあった仲なのです。少しクライン教授のほうが若いのですが、こういうのが人生の巡り合わせなのかと思いますが、カール・クライン教授からは、プライベートな話を聴いて、エリクソンという人に多大な関心を持ったわけです。私自身は、直接エリクソンに会っていません。しかし、エリクソンについては、大変熱心に教えられて大きな関心を持ちました。その関心を持ったエリクソンが、非常に意味のある人だということは、日本に帰ってきてからだんだんわかってきました。

数年前に亡くなったときも、日本では朝日新聞の天声人語で取り上げられたりしました。そして、そこで学んできたノート等をひっくり返して見ているうちに、それは自分が、臨床をする上で、非常に価値のある人生観だということを思い始めたのです。

ライフサイクル精神医学

エリクソンは、決して子どもだけを問題にしているのではなく、一生涯を問題にしているのです。ですから児童精神科で勉強し、そこで訓練を受けて、自分は児童精神科の医者だとずっと思っていましたが、昨年還暦を迎え六十歳になり、だんだん歳をとってくると、自分というものを当然考えます。

臨床的に老人の患者さんを私が診察するということは例外的にあるだけで、日常はほとんどありませんが、エリクソンを勉強しますと、児童精神科という狭い領域に関心を向けるだけでは飽き足らなくなってきました。

私はこの頃､ライフサイクル精神医学ということを考えるようになりました。たとえば、自分が何をやっているのかということを、人様に公式にお話しなければならないということがあります。履歴書を提出するようなことが。

読書人名鑑というのがあり、そこから毎年、一年前に出ている私の記述が送られてきて、誤りがあれば訂正して送り返してくださいという葉書がつけられてきます。私は名鑑の自分の箇所を見たことはありませんが、専攻のところに児童精神医学と書いていたのですが、何年か前から児童青年医学と書くようになりました。

今回はライフサイクル精神医学と書きました。これは、知らず知らずのうちにエリクソンに影響を受けたなと自分で思っています。だから自分の精神保健を考えるということもあります。医者ですから、臨床的に患者さんに会う。患者さんに向けて何をやっているかということが自分の専攻になるわけで、自分の子どもを育てる、その子どもが大人になっていく。いちばん末の子も二十歳になりましたから、子どもたちもみんな成人になり、三人の子どもを大人にしたということになります。そうすると育児も終わり、子どもの発達してきた筋道を見ながら、今度は自分が年老いてきた道筋を見る。自分の両親の老いて亡くなっていく道筋を見るということをしていますと、ライフサイクル精神医学というほうがいいなと思います。

私はライフサイクル精神医学を診療科として表示している人を見たことがないのですが、自分で勝手につけたのです。乳児児童精神医学を専攻している人、児童精神医学を専攻している人、児童青年精神医学を専攻している人、思春期医学を専攻している人もいます。普通は精神医学というと、一般精神医学、普通の大人の精神医学です。最近は老年精神医学を専攻しているという人もいます。私は欲張って全体のライフサイクル精神医学といっています。

乳児を育てるにしたって、この子は将来どう育てていくかということを考えながら育てる。ライフサイクルということを念頭におかないで育児や教育ということではないと思います。ですから、ライフサイクルというテーマは非常に重要で、エリクソンはそこをじっくり見据えて仕事をしたというのはすごいなと、私はあらためて思います。そういう人はめったにいません。そして非常に広い方面から人格を考えたのです。社会的な視点を入れたというのがとくにすごいと、あらためて思います。

エリクソンと出会う

私はカナダにいるとき、二人の教授から影響を受けてエリクソンを持って帰り、帰ってきてからもいろいろな本を読んで、ことあるたびにその端々、断片を紹介してきました。そしてエリクソンの本には、そういう言葉では決して書かれていないけれども、究極のところエリクソンはこう言っているのだというようなことを、私は話しております。長い大きな本であり論文でありますかなり難解であります。友人や知人から、エリクソンのどこを読むとこういう言葉が出るのだとか、こういう結論が出るのだと言われますが、私にはそう見えるのです。これからお話することを含めて。エリクソンが究極のところそう考えたかどうかはわかりません。というのは、しばしば芸術家にしろ、音楽家にしろ、文学者にしろ、作家にしろ、自分がある小説を書いた、ある評論家がそれを評論して、そんなふうに思われるのか、と思うことがあるわけです。本人が気づいていないこととか、意図しないことを誰かが感じるということもあるわけです。だから私のエリクソン論にも、そういう部分が全部ではないけれど、部分的にあるのかもしれないと思ったりします。

いつか小林秀雄という作家が、ある有名な大学のことを、大学名ははっきり言っていないのですが、自分の文章が入学試験に出題された。そして次のなかのどれが正解かという問題があったそうで、書いた本人がわからないと言うのです。これは、少なくとも書いた本人に確かめなければいけないのではないか。本人がわからないような難しい問題というか間違った問題を出しているのです。どこをどう読むとこういう正解になるのかわからない。受験生も大変だなと書いてありました。

私がエリクソンを読んで、人間というものをこういうふうに考える人がいるのだなと思った。そして、アンソニー・ストーという精神分析家が言っていることを、ある本で教えられました。エリクソンがこういうことをダイレクトに言っているのではなくて、私が感じたと思ったら、もうそれは、エリクソンとも無関係に、精神分析家というのは人間についてこう考えている、ということと同じこと。私が先に言ったとか、あっちが先だとか言うまでもなく、究極のところ、人をじっと見つめて生きていく人は、こういうふうに感じるのだなと思える共通のことを言っているのです。

人格の形成は人との関係から

「人格の発展に関して」というところで、人格の発展は、他人との関係に関する、極めて大切なもので、もしそれがなかったならば本当に自分らしい人格を発展させることができなくなってしまう。とすれば、それはいったいどのようなものであろう。

子どもにとっては、親からのやさしさと、愛情が不可欠であるが、これと全く同じように大人にとってもまた、自分の仲間から受け入れられているということが絶対的に必要である。もしその受け入れがなかったならば、人は狂気の孤独に直面することになるであろう。他人が自分の存在を無条件でありのままを受け入れてくれること、それは自ら自己を受け入れることができるということに等しい。また、それ故に本当に自分になることができるということ。自己に固有な人格を実現することができる、ということに等しいと。

だから、私たちが自分で自分を受け入れることができるということ、自分に固有な人格をしっかり実現するということは、自分を無条件にありのままに受け入れてくれる友人に恵まれなければいけないということになります。

こういうことを、私は、繰り返し、繰り返し乳児期から幼児期、学童期と、ずっとお話してきました。乳児は親だけでいいのです。幼児もそうかもしれません。だんだんそうではなくなってくるのです。できるだけ条件なしに受け入れてくれるというのが、人間にとってていいのです。条件が付けられれば付けられるほど歪んでくるのです。だから子育ての名人になるには条件を抜きにすることです。それだけのことなのです。しかし、それがなかなかやさしくないのです。

先生が生徒を受け入れ、親がわが子を受け入れるときに、条件抜きに受け入れられたらたいしたものです。だからシュタイナー教育というのは成績表を持たないわけです。成績表は、あなたはこれに関して3です。あなたは5です、1ですといっている。こういうようにすれば3がもらえます。こうしないからあなたは1ですというように。シュタイナー教育は成績表を持たないのです。それは一つの大きな無条件の受容ということになります。だから子どもが自分に固有の人格を実現することができる、こういうことを言ったのです。

これはなかなかの名文ですね。だけどこれを原著で読んだら読みにくい英語でしょうね。でも意味はおわかりになるでしょう。

条件をつけない愛

恋愛している若者が、どうしてあのように輝いて見えるかというと、無条件で相手を受け入れているから。壊れるときには相手に条件をつける。そしてその条件を相手がのめないのです。私たちが結婚するときは相手を無条件で受容しているのです。だんだんおかしくなっていく人は、だんだん条件をつけ始めるわけです。お互いに。結婚してみたらこんなことがあったけれど、これは、認められないと条件がつく。こんな欠点がある、弱点があるとだんだんだん条件をつけ始める、そこがいけないわけで、そうならなかったらずっと幸せです。親子も、友人関係も。

ですから、人間が最も人間らしく健全に生きていけるためには、無条件で、本当は無条件で受け入れられるということは基本的にないのです。現実的にはどれだけ小さな条件で受け入れられるかということだと言ってもいいと思います。

不幸な人たちは、大きな条件に出くわしている人たちです。この条件が整わなければ認められないと言われている人、これが不幸な状態です。人間は認められるためには何でもするということがあったりします。承認されるということが安らぎになります。小さい子どもでいいますと、親の承認を得るために親の喜ぶことを一生懸命やる、その条件を子どもが満たしたときに親は子どもをうんとほめて喜ぶ。子どもは親の与えてくれる条件を一生懸命クリアしようとしてやっていく。そのうちに自分は一体どんな存在かわからなくなる。芸はできるけれども人格は育ってこないということになる。無条件の愛情というのは、芸はあまりできないけれど人格は育ってくるということになります。その人固有の人格が育ってくる。

現実に、無条件ということは私たちには困難なのです。けれどもそういうことです。

物質的社会は外罰的

人を無条件に受け入れにくくなったという今日の社会心理的な背景があります。文化人類学の人たちが私たちに教えてくれたことによりますと、人類は地球上、どこに住んでいても、あるいはどんな人種であっても共通した問題がある。たとえば必ず固有の言葉を持っているとか、必ず音楽を持っている、必ずお酒を持っている。日本酒とか、コニャックとか。お酒と歌と言葉は必ず持っているそうです。

非常に大切な共通点は、経済的、物質的に豊かな社会に住んでいる人類は外罰性、他罰性が強い。人を罰する傾向が強い。人を受け入れない傾向が強い。貧しい社会に住んでいる人のほうが、内罰的、自己罰的だという。何か気に入らないことがあると人のせいにしたがるのは、豊かな社会に住んでいる人。貧しい社会に住んでいる人は、自分が至らなかったかもしれないというところからものを感じ、考え始める。内罰であり自己罰です。

自分の努力が足りなかったから、いま、自分はこんなに不愉快な思いをしなければならない。あるいは、自分が望んでいるような生活ができない。自分の努力が足りなかったかもしれない。これは内罰、自己罰です。

物質的社会に住めば住むほど外罰的になる。政治が悪い、学校教育が悪い、親が悪い、要するに、自分以外のものに原因を求めることを、外罰性というのです。経済的、物質的に貧しい社会に住んでいる人ほど内罰、自己罰(イントロパニッシュメント、intro-punishment または、セルフパニッシュメント、self-punishment)の傾向があります。

おそらく日本は、世界有数の経済大国です。バブルがはじけても、まだまだ豊かです。夏休みの海外旅行の飛行機は、ほとんど満席です。主だった国の券はなかなか買えません。国内でもそうです。四、五十万人が海外旅行をするのです。信じられませんよね。四百人、五百人乗れるフルサイズのジャンボ機が日本の国から一千機飛ばなければならない。すごいですね。そんなに豊かになったのです。

もう一つ申しますと、過密社会に住めば住むほど人類は人間関係が希薄になる。過疎地の人ほど人間関係が濃密なのです。人なつっこい、人と人とのつきあいが上手です。横浜でも東京、ニューヨークもみんな世界有数の指折りの豊かで過密な社会です。ですから、外罰的であり、他罰的であり人間関係が希薄です。

欠点を指摘する現代人

先ほどお話したように、人間は人から無条件で受け入れられることによって人格を形成していきます。健全で固有な人格を、です。人間関係がないなんていうのは、それ以前の問題です。そして経済的豊かさと過密さの両方が合わさりますと、実はこの両方は合わさりやすいのです。貧しいとちらばっていく、豊かだと過密になる。これは経済原理だそうです。人間は、自分の周囲にいる他者の欠点とか弱点とか短所に気づきやすくなる。貧しい社会の人ほど、相手の長所に気づきやすい。これは不幸なことです。親子間でも夫婦間でも、友人との間でも近隣でも同じことです。生徒と先生の関係でも。そうすると、おそらく日本人は外罰性が強い。人間関係が希薄である。希薄であるくせに、人間の嫌な面のほうを感じやすいということになっていく。こういうものは、先ほどお話しましたように、人間が健全に育つための条件の反対になります。相手を無条件に受け入れるなんてこととは、ほど遠いでしょう。人間関係が希薄になる上に、人間の嫌な面のほうが感じやすいのです。親子でも、兄弟でも、友人でも、近隣でも。

人格障害（ボーダーラインパーソナリティ）などというものは、かつてはなかったのです。高度経済成長をしている国にしかないのです。大変な人格形成障害ですし、非常に困難な障害です。そうなりやすいということです。そういうことを頭においていただいて、これからお話することは、人間というのは、できるだけ無条件に近い状態で受け入れられていなければ健康に育っていきにくいということを、言葉を変え、品を変え表現いたします。そういう視点を一つ持っていただきたいと思います。

発達に飛び級はない

人間に飛び級はない。これはエリクソンも言っています。発達、成長に飛び級はない。わかりやすいのは、算数の勉強です。前の段階が理解されていなければ、次の段階は絶対に理解できない。社会の勉強や国語の勉強とは違います。前頁とは関係なく、そこだけで理解できる。算数は前の段階が理解できていなければ次の段階には進めない。人間の人格の成長とか成熟、知能の発達なども同じで、前の段階がクリアされていなければ次の段階にいかない。エリクソンは、ある段階の発達が次の段階の発達を準備すると言います。決して飛び級がありません。わかりやすい例でいうと、体の成長のように、赤ちゃんは首がすわらなければ、絶対に寝返りが打てない。寝返りができなければ、子どもは絶対にはいはいとかお座りはできません。それができなければ立つことができない。つかまり立ちや伝い歩きができない。まして独立独歩はできない。首がすわらないまま、つかまり立ちをした赤ちゃんなんていない。どんなことがあっても。首がすわらないまま、お座りをしたという人もいません。寝返りさえできません。そういうもので、首がすわるということが実は寝返りの準備をする。寝返りができるから、はいはいができるようになる。お座りができるようになるというふうになっていく。これは運動の発達です。運動の発達は目に見えやすい、誰の目にも明らかです。

ところが、心理的な人格の成熟というのは、一見外から見えにくい。いろいろな行動を促すとか、いろいろな態度を示すとか、いろいろな感受性を示すとか、そういうときに見えてくる。断片が見えてくる。普通は見えにくい。見えにくいから、人はチェックしにくい。それでいろいろ間違いが起こる。こんなことは大きくなればわかるのだと。大きくなっても、わからないものはわかりません。働けない人は大きくなっても働けません。

私のところに通ってくるある青年は、不登校の状態から「フリーターになりました」と言っています。私はフリーライターかと思って「大変な仕事をしているのですね」と言いました。私の知人にフリーライターがいまして、二本の週刊誌の専属のライターになっている。一回でも締め切りに間に合わないと即座に契約を解除される。代わりはいくらでもいると言われるのだそうです。きびしい条件ですよね。びっくりしました。代わりがいくらでもいるところで仕事をするって大変なことですよね。そんなことを知っているもので、フリーライターといえばすごく大変だと思って「大変なことをしているのだね」と言ったら、キョトンとしているのです。よく聞いたらフリーターなのです。後日、「ゴロンタをしてます」と言うのです。「フリーターやめたの？」と言ったら、「うん、やめました」と言う。「ところで、ゴロンタって何？」ときいたら、「ただゴロゴロしているだけだ」と言う。驚きましたね。

少したって、またフリーターの仕事を始めました。私は彼に教えられました。スーパーの仕事は、一時間七五〇円、パートで。深夜十二時からになると、一〇〇〇円になるのですって。それは大変ですよね。「深夜で怖いでしょう。現金持って何かしているときに悪い奴が来るかもしれないから」「そうですよ、怖いですよ。だから本の立ち読みにたくさん人が入ってくれると助かるのです」なんて言っていました。「昼間立ち読みに行くと嫌われますよ、深夜に行くと嫌われないですよ」と。彼にいろいろなことを教えられました。

手順を追っていかなければ、何歳になったから、何ができるということはない。エリクソンは次のように言っています。人間はそれぞれの文化のなかで生きている。そうすると、それぞれの文化と時代のなかで、このぐらいの年齢になったら、このぐらいのことはできるようになってほしいという文化、社会の側からの要請がある。一方、自分のほうからは、ああしたいという自分の側からの願望がある。だから、そこの間にいつも衝突が生じる。葛藤と言っています。その葛藤は緊張です。その葛藤とか緊張を乗り越えて、解決していくことが発達、成熟なのです。

思春期危機

逃げてしまったらダメなのです。それを、自分の問題として受け止める。受け止めるときに生じる葛藤、緊張をクライシスとエリクソンは言っています。危機という言葉です。思春期危機といって、そういう大きな危機が現れるのが思春期なのです。

思春期は人間が理想主義になる。将来を考えて、自分の進路を決めなければならない。なかなか自分の思うように努力ができない。希望はある。希望はあるけど自分の努力が伴わない、能力が追いつかない。そういうさまざまなところで社会からの要請を受ける。理想主義に燃える。いろいろなことがあって極度に緊張や葛藤が強くなるときで、思春期危機という言葉があります。その危機はすべての時期にある。その危機を乗り越えていくということが、日本語でいう成熟や発達の課題だという。課題を解決していくわけです。

ところが英語的に、エリクソンの表現を借りると、危機を克服していくということになります。その危機としてのテーマが、それぞれの時期にあります。

今は首がすわることが大事です、寝返りを打つことが大事です、運動でいえば。一つ危機を乗り越えると次の危機がやってくる。それをまた乗り越えるということをやっていくわけですが、前の危機を乗り越えていなかったら、次の危機になんか、人間はいきようがないということをエリクソンは言うわけです。

乳児期の課題は「基本的信頼感」

その危機的なテーマについて、乳児期は「基本的信頼感」だという。人間は人を信じなければ生きていけない。人を信じられないから、人間社会で生きられない。野良猫は人間社会で生きていない。野性動物は人間が信じられないから、人間社会で生きられない。飼い猫は人を信じているから人間社会で生きている。なぜ人を信じられる猫になったか、なぜ人を信じられない猫になったかということは、愛されたか、愛されなかったかの違いでしょう。猫の人生の初期に、猫の人生というのも変ですが、どう表現していいかわからないですね。猫の人生の最初の時期に、うんと可愛がられたか、愛されたかどうか、親や飼い主に。そうすれば、家のなかとか社会のなかでわりとゆったり生きていけるのです。安心して。それは、自分の飼い主を信じて、自分の飼い主ほどではないけれど、他の人に対しても一定の信頼感を持っている。しかし、自分の飼い主ほどは信じてないですよ。他の人を。

　人間も同じことです。親を信じる。親に対する信頼感の半分くらい人を信じる。七〇パーセントかもしれませんが。だから、親に対する信頼感の大きくない人は不幸です。それ以上に信じられる人というのは容易に巡り会えない。ですから親を信じることができるように育てられたということは、非常に幸せなことです。親を一〇〇信じるということは、親以外の人を七〇信じるということです。すると、親を七〇しか信じられないとすれば、他の人を五〇ぐらいしか信じられないということになります。比喩的にいうと人を信頼するということは、自分を信頼することになると、エリクソンは、そこの仕組みをくどくどと書いています。手を変え、品を変え書いているように思います。そのことを、アンソニー・ストーという人は、一言で言ったのです。他人が自分の存在を無条件で、ありのまま受け入れることを知ること、そのことが自ら自己を受け入れることができるということだと言っているのです。

　人が自分を無条件に受け入れてくれるから、自分で自分を受け入れることができるのです。無条件で愛してくれるから、愛してくれる人をこちらは信頼する。相手を信頼することが、自分で自分を信頼することになります。エリクソンは、そちらの言葉を選んでいると思います。

アンソニー・ストーは、受け入れるという言葉で言っています。自分を無条件で受け入れてくれる人に出会えたから、自分で自分を受け入れることができる。自分を愛してくれる人に出会えたから、自分で自分を愛することができる。自分のことを信じてくれる人に出会えたから、自分で自分を信じることができるようになる。みんな同じことですね。表現が多少違いますけれど。

人を信じることができることと、自分を信じることができることとがセットになった感情を、基本的信頼感、ベーシックトラストといいます。

自分を受け入れる

人間はいろいろな程度に違うのです。ベーシックトラストが。みんな同じではないのです。自分がどれくらい受け入れられたかということで、自分をどのくらい受け入れることができるか。皆さんは、自分をどのくらい受け入れることができますか。

たとえば、乳幼児検診というのをやります。自分の子どもが重い障害だということがわかる。わかったから受け入れられるわけではないです。受け入れるまでに大変なプロセスを辿る。受け入れられないですよ。簡単に自分で自分の子どもの障害を。誰の目から見たって明らかなのです。この子は知的遅れがあって重い知能障害だと。知的な発達障害であると傍目にはわかる。誰の目にも。親の目にはわからない。わかろうとしない、受け入れようとしない。ですから遅れていないと思う証拠を一生懸命集めようとします。

これは自然な感情です。受け入れることができないのです。そのように人間は簡単には現実を受け入れられないのです。自分を受け入れられないのです。自分で自分を受け入れることのできる人は、自分を受け入れてくれる人に巡り合わなければいけない。自分を信じるというのは、自分を信じてくれる人に巡り会わなくてはいけない。自分を愛することができる子どもになるために、自分を愛してくれる人に出会わなければならない。ですから人間というのは、自分で納得できるほど自分を愛してくれる人に恵まれない人ほど早くから恋愛をします。恋愛に熱心な人は愛情に溢れているのではないのです。愛されたい欲求に溢れているのです。この感情は非常に重要です。

あの人は年中誰かに恋愛をしている。よっぽど愛情に溢れた人なんていったら大間違い。愛されてこなかった人なのです。愛されたい人なのです。芸能界には多いといわれます。

タレントになる条件

私は、ある人を介して、テレビのコマーシャルフィルムを作っている会社の若い社長を知っています。社長といっても、ほんの数人しかいない会社ですが、そこでテレビのコマーシャルを作る。ですからタレントをよく起用する。それでタレントを抱える芸能プロダクションの人たちとも彼は親しくなる。あるとき、こんなことを言ってくれました。スカウトに行く。プロダクションではこれは将来タレントになれる、彼らに言わせるといい玉だと言う。いい玉を見つけに町をウロウロする。六本木とか渋谷とか歩く。そのときに二つの条件を満たすことが大事だと言われる。

街の若者を探すのですが、一つの条件はかっこよくなくちゃいけない、これは誰の目にもわかります。もう一つの条件は、家庭の愛情にあまり恵まれていないらしいと思える人が極めて重要だと言われる。パッと出てくる人の話です。芸の道を積んでいる人の話ではありません。愛情に恵まれている人はダメなのだそうです。私を見て、私を愛してという感情が人一倍強くなくてはならない。スポットライトを浴びて。こういうことなのです。

本当に親や兄弟やいろいろな人の愛情に豊かに恵まれてきてしまった人は、こっち見て、こっち見てという感情が強くないのです。そして、あんなところでスポットライトを浴びるのは嫌だという。プロダクションでは過酷な期待や要求をするので、そんなことはすぐ嫌になってしまう。そういうことがあって、なかなか大成してくれないというわけです。裸になれと言われればすぐ裸にならなくてはならないし、逆立ちと言われればすぐ逆立ちしなければならない。スケートと言われれば、すぐスケートをやらなくてはならないし大変なのです。どんなことをしたって、人の愛をこちらへ、人の関心をこちらへという欲求が強くなければやっていけないですね。そしてあの人たちは年中恋愛をしている。誰彼かまわず。野良猫のようだと言っていました。一人残らずそうだと言っているのではありません。かなりの人がそうだと言っていい。もちろん、そうでない人もいるでしょうけど。相手が奥さんであろうと結婚している男の人であろうと、そんなこと関係ないというほど盛んな世界だそうです。

本当の愛情とは

恋愛というのは、愛されたいという気持ちを強く持っている人がやる行為なのです。人を愛したいという行為ではないのです。そこを錯覚なさらないでください。

二人、三人と同時に恋愛しているなんていう人は、愛情が溢れているからではないのです。そのことが、どれほど相手を傷つけるか、悲しませるかということが、わからないでやっているのです。愛されたいという行為なのです。

このことをわかっていただくために、こういう比喩がわかりやすいのでよくお話するのですが、私がAさんという女性と恋愛をしています。Aさんがあるとき、私に向かって、もう佐々木さんとは別れたい、と言ったとします。私はびっくりします。Aさんとうまくいっていたのになぁと思っています。誕生日にはプレゼントしたじゃない、お花もあげたじゃないか、御馳走もしたじゃないかと思っています。

だけど佐々木さんよりもっと素敵なBさんという人が見つかった、だから佐々木さんと別れてBさんとお付き合いしたい、もう今日でおしまいにしたいと言われた。私はそれを聞いて一瞬びっくりする。でも私がAさんを本当の意味で愛しているなら、私よりもっと素敵な人ができて、もっと幸せになると言っているのですから、「それは良かったですね」と言ってあげられなくてはいけない。こう言ってあげられたら、本当にAさんを愛しているのです。

ところがそうはいきませんね。今までプレゼントした物をみんな返せと言いたくなる。そんなことはともかく、突然、急に憎しみになる。最初から本当の愛情ではなかったのです。ある意味では殺意さえ感じるかもしれない。ほんとに殺してしまう人がいるのです。そういうことも知っていただかなくてはなりません。

恋愛というのは人を愛する行為なんかではないのです、原則は。愛されたいという感情から始まるのです。あの人に愛されたいということです。そのなかから本当の愛情に発達するという人だってたくさんいます。本当の愛情に発展しないまま結婚してすぐおかしくなる人もいます。本当は愛していなかった、愛されたいという欲求ばかりだった。新婚旅行に行っている間にすっかり冷めてしまう。もっと別な人から愛されたくなったということです。

そういう感情は愛され方が足りない人のほうが熱心なのです。芸能界にはたくさんいます、そういう人が。人間関係が希薄になりましたから、そういう傾向があるということも知っていただく必要があります。

乳児期の育児に過保護はない

ですから乳児は、自分のことをできるだけ条件なしに愛してくれる人に巡り会わなければいけないのです。結果としてどのような育児をする人がいいかというと、子どもが望んだようにしてあげるのがいい。子ども側からいえば、子どもが望んだように愛されることが大事なのです。自分の望んでいるように。

抱っこしてほしいときはいつでも抱っこ。おんぶしてほしいときにはいつでもおんぶ。おっぱいが飲みたいときにはいつでもおっぱい。遊んでほしいときには遊んでくれる。こういう条件が満たされれば満たされるほどいい。それが損なわれれば損なわれるほどダメ。このことは乳児期に非常に重要なのです。

なぜかというと乳児は自分の欲求を自分の力で何一つかなえることができません。あかちゃんにできることは、泣いてたのむことだけなのです。要求することだけなのです。でも、これがこの子たちの努力なのですね。できるすべてなのです。このことに敏感に保育者や親が反応してあげればいいのです。乳児期の育児には過保護はありません。子どもが望んだことを望んだ通り全部してあげられれば、これがいちばんパーフェクト、理想的な育児です。もちろん、一〇〇%はできないでしょう。九〇%できる人、八〇%できる人、五〇%しかできない人、いろいろあると思いますが、基本はそういうことだということを知っていただきたいのです。

人を豊かに信頼することができる。自分の望んだように愛される。そうすることによって周りの人を信頼する。自分に対して、そうした愛情を注いでくれた人を信頼する。その人に対する信頼を通じてその人以外の人も信頼する。

自分が生まれ育つべきこの社会、世界を信頼する。そういうふうに、そこを信頼できるから自分を信頼できる。こういうことです。それが自信になる。傲慢さや優越感とは違い、自分を信頼することができるようになる。

乳児は、まず自分を信じ、人を信じ、相手を信じられるということが大事です。

幼児期前半の発達課題は「自律性」

次いでエリクソンは、「自律性」ということが大事だと言いました。乳児期が終わり、だんだん幼児期にさしかかる、幼児期の前半です。幼児期の前半は、しつけが始まります。歩き始めた子どもは、いろいろなことを自分でしようとする。そのときに周囲は、その文化の基準にあわせて、しつけようとする。我々の文化は、手づかみでご飯を食べるのではありません。手づかみでご飯を食べる文化の人もいます。でも、我々の文化はそうではない。箸が使えなければスプーンを使おう、フォークで食べよう。ご飯の前には手を洗おう、お手洗いはここ、どこでもおしっこしていいのではありません。ここでするのです。外へ行くときに靴をはく、家に入るときは靴を脱ぐ。こういうことを、一つずつコツコツ教えていくわけです。そのときに、子どもには自分の衝動があります。箸なんかまどろっこしい、スプーンでなんかでうまく食べられないから手づかみで食べたい、そういう葛藤が生じます。それを子どもは解決していきます。そのときに、非常に重要なのは、子どもに私たちの文化を伝えることです。こうするのですよ、こうしてはいけないのですよ、ということを伝える。禁止と強制です。これをしてはいけないという禁止、こうしなければいけないという強制です。

ここで子どもたちは自分の衝動との間でぶつかりが生じます。乳児期だってそうです。

自分がこう望んでいるのに、なかなかしてくれない。泣いているのに、なかなかお母さんが来てくれない。葛藤が生じます。幼児期の前半になっても同じことです。こうしろと言ったって、僕は今、そんなことしたくもないし、できない。葛藤が生じます。そのときにとても大事なことは繰り返し教えること、しかし、子どもがいつそれを実行できるかは、待つことです。ジーッと。この待つというところで、子どもは自律性を発達させます。この、待っているということが大事なのです。非常に重要です。教えて待つ。教えるのは、みんな教えるのです。だけど待つか待たないかが違うのです。待てることが大事なのです。じっと、ゆっくり子どもまかせに。

自律は英語でセルフコントロール（self-control）ともいいます。自分で自分をコントロールする力ですよ。自分で自分を律するのです。自分のための法律を作り、自分の衝動を変更することができるのです。自分の欲求や衝動を先送りし、自分の欲求や衝動を中止することができる。こういう感情を自律といいます。自分でするのです。こっちが強引にするのではない。待っていてあげるから子どもは自分ですることを覚える。ですから、こういう比喩的な言葉で理解するといいです。私が勝手に言っていて、エリクソンがそう表現しているわけではないのですが、トイレット・トレーニングをするとします。ここにオシッコをするのですよ、とオマルに座らせる。あるいはお手洗いに連れて行く。ここにオシッコをするのですよ。だけどいつからするかは自分で決めればいいよという気持ちで教えてあげればいいのです。

待つ育児を

手づかみでご飯を食べるのではないよ。このスプーンで食べればおりこうさん。だけどスプーンがまだ上手に使えない、しょうがないや、だからご飯を食べるときは、手をよく拭いてあげよう、洗ってあげよう。スプーンを持てと言ったって、まだ手づかみになってしまう。だけどスプーンで食べるほうがおりこうさんなのだよ、と伝える。いつからきちんと上手にできるか、お母さん、楽しみに待っているよ、自分で決めなさい。いつから、ここに上手におしっこができるようになるかな、楽しみに待っているよ。

いつからできるかは自分で決めればいいというから、自分で自分を律する、自律と書くのです。ですから、さっき、おしっこを失敗してからずいぶん時間が経っているから、絶対出るはずだと便器に座らせ、おしっこが出るまで立っちゃダメだというのが、子どもの自律を最も阻む育児です。

私は、つい先だってゾッとするようなケースに合いました。もう青年になっているのですが。小さいときからの話を聞きました。この青年の小さいとき、意固地になって、親はトイレでおしっこをさせるのに二時間も格闘したというのです。今、青年期になって荒れてすごいですよ。意地になってやったと。意地になってしまうというお母さんの理由もいろいろあるわけですが、二歳前後の、そんな幼い子に八つ当たりすることはないでしょう。二、三十分なんてざらだったそうです。よけいしませんよ、子どもは。顔が腫れ上がるほど叩かれたってしませんよ。できないのです。そして、腕力が逆転したときに親の顔が腫れ上がることになる。本当にそうなるのです。同じことを繰り返すことになるのです。不幸なことですね。

ゆっくり、こうするのだよ。こうすることがおりこうさん。だけどいつからできるかは待っていてあげるから、自分で決めなさい。自分で決めなさい、と言ってあげるから自律する。

衝動のコントロールというのは、幼児期の前半、一歳から三歳ぐらいの間に、最も感受性豊かに育てられるのだということをエリクソンは言っているように思います。

衝動のコントロールだって、一人ひとりよくできる人とできにくい人とがいます。いつも衝動買いをして後悔する人もいるし、競馬の馬券を買いすぎる人もいるし、異性となると、すぐ気移りする人がいるし、アルコールの抑制ができない人がいる。要するに抑制ができない人がいるし、できる人もいる。

そういう自分の衝動のコントロールができるかできないかです。パチンコ店に三時間も入っていて、その間、一歳と二歳の子どもを車に閉じ込めていたなんてことがありました。パチンコ台についたら三時間も離れられないのです。パチンコ依存症というのだそうです。衝動のコントロールができない。こんな幼い子どもを車の中に残して、パチンコなんかしないでおこうと、自分で自分をコントロールできないのです。何歳になったからではないのです。

衝動のコントロールができないということは、自律性がないのです。この間もありましたね。パチンコをやっている間、子どもをチョロチョロさせておいたら、いなくなったというのが。パチンコ屋に一時間も二時間も長い間放し飼いにされていたら、子どもだって退屈しますよ。まさに放し飼いですよ、親がパチンコに夢中になっていて。いかに衝動のコントロールができないか。パチンコをやめて子どもに付き合ってやろうということができないのです。そういうことです。そうすると、それは幼い子どもの祖父母の責任を求めなくてはいけない。どんどん遡ればどこまでいっていいのかわからないですね。感性の世代伝達といったらいいのでしょうか。それはともかく、自律性というのはそうやって育つのです。ゆっくり教えて待っていてあげる。繰り返し教えて待つ、そうすると、人間は自分で自分をコントロールできるようになるのです。

幼児期の後半の発達課題は「自発性」

そして、今度は幼児期の後半です。児童期といいます。おおよそ幼稚園時代です。自発性です。この頃の子どもは、いつもいたずらをしています。絶えず動いています。非常に活発な時期です。休息を知らない、疲れを知らない、失敗を恐れない、失敗をすぐ忘れる時期、いろいろな言い方をされます。ですから、うっかりすると、この時期は大きな事故に遭いやすいです。無鉄砲なことをするし、とにかく、みんな自分で働きかけをするのです。一刻もじっとしていない、絶えず何かしています。

実際に、自分の感覚と自分の運動とで働きかけをすることで、ものを考える時期です。頭のなかにものを思い描いて考えてするということができないのです、この時期は。何でも触ってみるとか、実験してみるとか、体験してみるとかが必要なわけです。

よく我々が見る子どもの世界でいいますと、雨あがりに子どもの手を引いて歩いて行きますと、水たまりがある。すると急に親の手を振り払って、その水たまりに入っていこうとする。親はそんなばかなことはしませんね。水たまりにわざわざ入っていくなんて。子どもはそれをするのです。親は、何てばかなことをするのと怒る。でも、これはばかなことをしているのではないのです。

わざわざ斜面になっているところを歩こうとする。すべってころぶのは当たり前じゃないかと親は思いますよ。ところが、子どもはすべるかどうか、すべってみなければわからない。一回すべってころんだって、すぐにはやめない。これが、また大変なところです。「きのうころんだじゃない、誰が洋服を洗濯すると思うの」なんて、こんな質問をしている人がいるのです。「どうしてそんなことしたの」、なんていうのは残酷な質問ですよね。どうしてなんて言われたって、理由が答えられるいたずらなんてありません。しかし、親はすぐ感情的になる。「なぜ、そんなことをしたの」なんてね。

最近は若者が、なぜ俺のこと生んだんだと言うのだそうです。親も答えられない。親も子どもから同じような質問をされるようになってしまったのです。「なぜこんなことしたの」なんていつも怒って育てていると、「なぜ、俺の断りもなく生みやがったんだ」って。こういうふうに言うのですよ、若者は。本当に何人もの人から聞きました。「どうしてそんなことしたの」と、いたずらのときにきくのはいけないことなのです。子どもは何でもやってみなければわからない、やってみることが大事なのです。

子どものいたずらは科学者の営み、とピアジェ

ピアジェは、主に人間の思考力とか、知能のことを研究した人ですが、この頃の子ども

の活動は、いたずらという表現はしていませんが、科学の第一線にいて、未知の分野を研究、開発している科学者の営みと全く同じだと言っています。

ピアジェという人はすごいものの見方をする人ですね。この三歳、四歳、五歳ぐらいの子どもが、いたずら盛りの子どもがいたずらをしているのを見て、科学者がやっている、科学的な営み、実験的な営みと同じだと。ほれぼれするなんてことを、なかなか思いませんよね。これが思えたらピアジェと同じです。凡人にはなかなか思えない。だからすぐ禁止したくなる。ところがピアジェはそう言ったのです。

この子たちのやっていることを見てごらんなさい。同じ条件下で同じ実験を何回も繰り返し、同じ結論を何度も得たときに、ああ、これが結果なのだと言って次の段階に進んでいく。科学者もそうなのだと。雨上がりの斜面にやって来て、きのうところんじゃった、今日もころんだ、何回もころんで、ああ濡れているときの斜面は怖いのだと子どもは覚える。何度もころんでから覚えるのだというわけです。さらに、こう注意すればころばないなということも覚える。要するにやってみなければわからない。やってみても一回ではわからない。一回でやめてしまうなんてことではダメなのだと、ピアジェは言うのです。

「何度言われればわかるの」なんて言ってはダメなのですよ、お母さんは。何回もやる子が楽しみな子なのです。ピアジェはそう言ったのです。

幼い子どものいたずらというのは、実験的であり、創造的な意味があると。ひと言でいえば、幼児期の前半は、どれだけ思い切っていたずらをさせてあげるかということなのです。

乳幼児の教育というのは、あかちゃんが望んでいるようなことを、望んでいる通りにできるだけたくさんしてあげるということです。幼児期の前半になりましたら、しつけが始まりますから、こちらが望んでいることを繰り返し伝えるということです。ところが、いつから実行するかは子ども任せにしてあげる。それが原則です。そうすると自律性が育つ。その自律性を身につけた子どもが、今度は自発的ないたずらを始める。幼児期の後半になると、大怪我をすることがないように注意して、できるだけいたずら的な活動を思う存分やらせてあげるということが、子どもの自発性とか、主体性とか、創造性とかを育てるために不可欠な要件だとエリクソンは言いました。

学童期の発達課題は「勤勉」

ここまで来ると、今度は学童期。学校へ入るための準備が終わったということです。人を豊かに信頼でき、自分を信じることができるから、子どもは自分で自分の衝動をコントロールできるようになるのです。自分で自分の衝動をコントロールできるようになった子どもが、自発的な活動ができるようになるのです、創造的に。創造的、自発的な活動ができるようになった子どもが、学校へ行って、これからお話する「勤勉」な生き方をすることができるようになります。いたずらが足りなかったら勤勉にならないということなのです。

だから、塾通いばっかりさせていたら勤勉にはならないのです、子どもは。いたずらが足りませんから。トイレット・トレーニングを厳格にやったのでは勤勉にならないのです。そういうことも私たちは知らなくてはいけません。

勤勉ということはどういうことだろう、エリクソンはこんなふうに言っているように思えます。家族や社会が、自分の周囲が自分に求めていること、期待していることを、習慣的に、自発的に実行することであると。これが勤勉ということです。周りが何を求めるかということは、その時代により、その文化により違うということです。都市と田舎では違う、今は日本ではあまり違わないと思いますが。

都市の文化、時代の文化、その国や社会の価値観、文化によって、何をどう期待されるかわかりません。横浜の子ども、東京の子どもが、小学校に入るとどうか、そのぐらいの年齢になったときにどうか、もう私たちの子どもの頃と今の子どもは違うと思います。だけど、それは周囲からいろいろなことを求められる、期待されるのです。そのことに、自発性を持って、習慣的に実行する。だから、前の段階で 自発性が身についていなかったら、勤勉にはなれない。次の段階にいけないのです。その自発性の背景には、いたずら盛りの子どもがいたずらをどれくらい十分にするか。こういうことです。不登校の子どもの大半がこのいたずらの不足です。だけど、いたずらが十分にできるには、その前の自律性が育てられていなければならない。その自律性がうまくいくには、その前の乳児期の基本的信頼感が育っていなければならないのです。

こういうものが、パーフェクトなんていう人はいません。不十分な部分を積み残し、積み残し、どんどんふくらませていけば、人格が育ちにくくなる。

その問題について、現代社会のなかで象徴的な意味を持つ大きな欠陥がボーダーラインパーソナリティというふうに理解してください。そうすると、周囲や、社会や、家族やいろいろな人から期待される活動を、自発性を持って習慣的に実行することができるようになるためには、どうしたらいいか、ということになります。エリクソンはこう言っています。

仲間と道具や知識や体験を共有し合うこと。仲間と道具や知識や体験を共有し合うことなしに、学童期の、小学校の子どもと思ってくださっていいと思いますが、子どもの勤勉さということ、裏を返すと周囲の期待に自発性を持って習慣的に応えることができない、と言ったのです。

仲間と道具や知識や体験を共有し合うことが大事なのだと。これも大変にすごい発見です。仲間の重要性、仲間なしにはできないのだと言ったのです。道具や知識や体験を仲間と共有し合うということ、言葉を変えて表現すれば、友だちからものが学べるか、友だちにものを教えることができるか、ということです。ですから友だちから、ものを学べない小学生は勤勉になれない。友だちにものを教えることができない小学生は、勤勉にはなれないのです。

不登校と友達関係

今日の日本の社会で、決定的に象徴的な子どもの状態が、不登校だとすると、不登校の子どもで友だちからものを学ぶことが上手な子どもはいないのです。友だちに上手にものを教えられる子どももいないのです。不登校の子を受け持つ学校の先生がいらっしゃったら、すぐおわかりになるでしょう。友だちから学べないのです。先生や、親や、塾の先生や、おけいこの先生から、いくら上手に学べても、そんなものはエリクソンのいう勤勉さとはつながらない。こういうことがわからなかったですよね、一昔前の人には。

なぜ、わからなかったかというと、仲間からものが学べない子どもなんて、世の中にいなかった。だから、そういうことが学べないと、どういうことになるかわからなかった。

だけどエリクソンは、そういう子どもがほとんどいない時代に、こういうことが大事だということに気づいたのです。そういうところが天才の天才的なところですね。凡人は、いよいよになってわかる。ああ、そうだったのだということが。すごいことです、これは。

この意味がとても大きいです。友だちからものを学ぶこと。しかも重要なことは、何を学ぶかではない。どれだけ学ぶかということであって、質ではないのです、内容ではない、量が大事なのだと。くだらないことだって、なんだっていいのだということです。おおむねくだらないですよ。仲間から学ぶことは。そうでしょう、仲間に教えることなんか。先生から教えられることが「くだる」のです。仲間から教えられることはくだらないのです。しかし、子どもは生き生きと学べるのです、楽しく。

生き生きと楽しく問題を共有しあうことです。人間の勤勉さの根源はこれなのです。仲間と関心や興味、意欲、理想、理念を共有し合う力。ホームレスの人にはそれが弱いのです。人と興味や関心や目標を共有しあうことに弱いのです。

ある名門野球部

本当に共感的に共有しなくてはいけないのです。甲子園の高校野球が始まりました。弱いチームの野球はおおむねそうです。ところが強いチームは本当に仲間と共感的に共有しあっているかどうかは、疑わしいものです。ポジションの取り合いなど、なかなか難しいものがある。上手に指導していらっしゃる学校もあるし、そうでないところもある。

三年ほど前にある駅のそばの会館に講義に行ったことがあります。そのときに、少し早く行きすぎて時間があったので、近辺をぶらぶら歩いていたら、野球の強いことで有名な高校があったのです。ところが、非常に驚いたのは、選手の多くが練習しているというのに、あの学校の近くに川が流れていまして、そこで魚釣りをしているのです。多くの選手がユニフォームを着て。「君たち、魚なんか釣っていたら、監督に怒られるだろう」なんてきいたら、「いいんです」と言う。「何でいいの」と言ったら、「グラウンドに入れてもらえないのです」。「なんだ、罰でもくらったの」と言ったら、「補欠の補欠ですから」と言う。百何十人も部員がいるのですって。

百何十人もどうやって部員を入れるのか、私は知りません。甲子園は一五人しか行かれない、練習試合をするにしたって三〇人以上は不要だと思います。「どうしてそんなことしているの、そしたら、はじめから練習に来る意味がないじゃない」と言ったら、グラウンドを掃除したりする仕事があるのだそうです。補欠の補欠というのは、そうしているのです。練習が始まると外へ出なくてはならない。終わると、片づけに行かなくてはならないから、帰れない。だからその間、魚釣りしているのだと言う。「じゃあ、君は選手になれる見込みは絶対ないの」と言うと、「ないです」と言う。「じゃどうして野球部なんかにいるの」と言ったら、「就職するときに、この野球部にいると有利なのです」と、言うのです。ああ、なるほど、ちゃんと理屈があるのだと思いました。でも本当に驚きました。

それが本当のスポーツ教育なのかどうか私はわかりません。監督さんに伺ったわけでも何でもないのです。釣れているのですよ。小さな魚がけっこう。橋の下に竿をちゃんと隠して帰る。そしてまた明日釣るのだと言っているのです。まあ魚釣りして野球部三年間終わるなんていうのも、千日の行とは言えないですね。そんなこともありました。でも、仲間と和気あいあいならいいかもしれません。思い出かもしれません。同窓会のときに「魚釣ったなぁ」なんて、将来言うのもいいのかもしれません。

大事なことは、友だちと共感しながら、一定の目標について何かをするということなのです。溢れるばかりの情熱を持ってできるというのが最高です。

勤勉さというものの基本的な人間のベースは、そうやって育つのだとエリクソンは言った。すごいと思います。

思春期の発達課題は「アイデンティティ」

思春期、青年期は「アイデンティティ」です。中学生、高校生ぐらいを念頭においていただいていいかもしれません。あるいは、一部大学生くらいまで。アイデンティティという言葉は、アイデンティフィケーション（Identification）という言葉からエリクソンが作った言葉です。エリクソンの前に、アイデンティティなんて言葉はなかったのです。エリクソンの造語です。日本語では自己同一性といいます。アイデンティファイ(Identify)という言葉は、物事を他から区別する。その物の特徴をはっきりさせる、明確にする、その物の本質を明らかにする、こういう意味です。アイデンティフィケーションカードは身分証明書ですから､その人であるということを明らかにする。その証明書です。その人が、その人であって、他の何者でもないということで自己同一性というわけです。

それは、自分は、どういう人間かということです。もう少し具体的にいうと、自分はどんな個性、能力、特性を持っているか、どんな素質を持っているか、どんなことなら努力ができるか､どんな弱点や欠点を持っているか､こういうことを明確にすることです。結局、だから自分はどういう社会的役割を担うことができるだろうか、あるいは、自分はどんな進路を選ぶことが可能であろうか、というようなことを明らかにするためのバックボーンです、アイデンティティというのは。

これが中学､高校時代です。勤勉さの次にやって来るのです。どうすると､アイデンティティが確認できるか、確立できるか、あるいは形成できるかといいますと、自分を客観的に見つめることが大事だと言いました。

自分が気になる

幼児期は自分を主観的に見ています。自分を客観視しない。思春期、青年期は自分を客観視しようとする力が非常に強くなってきます。それができるから、アイデンティティができる。客観視するということは、人の目で自分を見るということです。あるいは、社会の目から自分を見る、他との比較で見る、他人との区別で見る、いろいろな言い方をしていいと思います。自己洞察と言ったりします。自分を客観的に見つめる、だから思春期の若者は鏡を見る。幼児は自分が主観の世界にしかいないから、客観的に自分がどう見えるかは、さして関心がないから鏡を見ない。幼稚園や保育園に行く前に、熱心に鏡を見る子なんていない。だけど思春期になったら、みんなそうします。それは別にしゃれっ気が出たということではないのです。

思春期に鏡を見ないという子がいたら、これは異常です。自分を客観的に見つめるということが大事だということです。

どうすれば、自分を客観的に見つめることができるか。外面は鏡を見ればいいですよ。内面はどうか、これが大事なのです。仲間の目を通して見るのです、自分を。要するに、仲間が自分に対してどういう感想や評価を与えてくれるか、これが自分のアイデンティティを作ることになります。

日本のアイデンティティとよく言われます。外国人が日本をどう評価するかです。これは、日本人が勝手に、我々は神の国の国民だと言っても、そんなものはアイデンティティにはならないのです。神風が吹くのだと言ってもだめなのです。外部の人がどう見るかということなのです、アイデンティティは。人の目を通してどう見えるかということです。だから、外国に行くと日本がよく見えると言います。そういうものです。確かにその通りです。それを友だちの目を通してということです。友だちと価値観を共有し合えるような状態において、自分をどう見るかということです。仲間が自分に何かを教えてくれるのではないのです、今度は。仲間が自分をどう評価するかなのです。小学校時代の友だちはいろいろなことを教えてくれるでいいのです。自分も相手にいろいろ教えていればいいのです。

私たちの子どもの頃の例でいえば、なまずの釣り方とか、うなぎの夜釣りの仕方とか、うさぎの交配のさせ方とか、かぶと虫の飼い方、竹馬の作り方、乗り方、ろくでもないことばかりです。親や先生が感心したなんてことは何もない。だけど、それは内容ではなくて、質でなくて、量だということ。今度は違います。アイデンティティになりますと、量でなくて質ですよ。

仲間が自分をどう評価するかなのです。仲間が自分に何か教えてくれるのではないのです。自分をどう評価するかです。そういうときに、互いにいい評価をし合えるということは、価値観を共有できなければならない、思想、心情、主義、主張と。そういうものを共有、共感できなければならない。

だから、思春期になりますと友だちを選びます。小学校のときは誰とでも遊べるのです。サッカーをする仲間、昆虫のことを語り合う仲間、勉強する仲間、コーラスをする仲間、おしゃべりをする仲間、なんでもいいのです。健康な子どもほど、友だちが多いでしょう。中学、高校になると、健康な子どもほど、深い付き合いが出てくる、共感できる。価値観を共有できる仲間です。その仲間の目を通してアイデンティティを作っていくのです。ですから、中学、高校、大学になったら今度は親友というのができなくてはいけないのです。そしてアイデンティティを作っていくということを言いました。考えてみてください。それは、みんな人との関係でしょう。

乳児期は、お母さん、またはお母さん的な人、幼児期の前半もそうです。しつけをする人。どれだけ自分を愛してくれるか、どれだけ教えてくれて、自分まかせにしてくれるか、いたずらをどのくらい許して見守っていてくれるか、いたずらをどのくらい承認してくれるか。要するに、そのつどそのつど働きかけは違います、形が。だけど根っこのところで、どのくらい自分の望みを十分に叶えてくれるかということばかりではないですか。おわかりになると思います。そして今度は友だちです。友だちに承認されるのです。自分も友だちを承認するのです。そういう関係です。小学校時代は、教えたり教えられたりする関係。思春期、青年期を迎えれば、相手を評価する関係。評価というのは、承認され得る仲間との評価のし合いっこなのです。だから、価値観が共有できている仲間なのです。深い親友なのです。みんな自分が承認され、受容され、認められ、愛され、こういう関係を辿ってくる。

今の子どもは、いろいろなところでいじめになってしまったり、不登校になってしまったり、非常におかしなことになります。どういうプロセスがどのようにうまくいっていないかということについて、エリクソンは、我々に非常に多くの示唆を与えてくれていることが、おわかりになると思います。

佐々木正美先生とエリクソン

子育て協会代表　杉浦正明

「レジリエンス」（困難を乗り越える力）という言葉をよく耳にするようになりました。負けない、絶望しない、希望を失わない。

たとえば感染症のパンデミック（世界的大流行）という社会状況において、レジリエンスをどう発揮し高めていくか。個人にあっては、幸福な人生を築くための大切なパワーであるでしょう。一方広い意味では、社会の発展、安定に影響を与えうるパワーといえるでしょう。

子育てにもレジリエンスは影響します。子どもを育てるには、さまざまな苦労、困難が伴います。児童虐待件数は年々増加傾向にあります。子育てを楽しめる人とそうでない人の違いは、レジリエンスが高いか低いかが鍵を握っている。私は神奈川県の子育て支援センターのアドバイザー経験から、そんなことを感じました。

著者の佐々木正美先生とは、四〇余年にわたって、ともに子育て支援に携わる栄に恵まれました。あるとき「日本人は全体的に未熟化傾向にある」と先生が言われました。「未熟化傾向」。続いて「とくに男性が」と。

では人間の成熟を果たすには、何をどうしたらいいのでしょう。本書にあるように先生が出会ったのはエリクソンの学説でした。

若き日の佐々木正美先生は人間を見つめて、古今東西の研究者の知恵を求められ、相当の読書量を積まれたそうです。しかも文学、教育、哲学、宗教と多岐に亘っていました。

そのことを先生の言葉の端々から感じたものです。後年その膨大な知識を、私が主宰する子育て協会の顧問として多くの人たちに提供していただきました。「子どもにとって、乳幼児期ほど大切なときはない」という信念のもと、保護者そして保育者へと学習の機会を設けられたのです。

佐々木理論の確立に大きな影響を与えたのは、エリクソンの発達段階の学説であるといえます。どうしてエリクソンに詳しくなったのでしょう。本書では留学先でのクライン指導教授との出会いを通して、そのあたりのことを話されています。

エリクソンの有名な造語に「アイデンティティ」「モラトリアム」があります。アイデンティティなどはわかったようで、いまひとつわかりづらい言葉ではないでしょうか。自分の確立を意味するといわれるアイデンティティ。自分とは何者か。私は私である。思春期の獲得すべき課題としてエリクソンは、アイデンティティを挙げています。このあたりを本書ではわかりやすく話されています。モラトリアム（猶予）は、大人になりきれない人、未熟さを表したりします。佐々木正美先生は日本人の未熟化傾向について指摘していました。

「アイデンティティ」と「モラトリアム」。

人間の成熟を考える上で、エリクソンの研究の理解はきっと糧となるでしょう。存命だったら、ノーベル賞を取るといわれています。エリクソンは難解な言い回しで知られました。

読者が論文入門する際は、迷路に誘い込まれるような、いったい何をいっているのか意味不明な気分になるかもしれません。佐々木正美先生はそれを見事に解き明かしていきます。

佐々木先生の講演・講義については、「まるでひらがなで話をしているようにわかりやすく、吸い込まれてしまう」といった声が多く聞かれます。本書を読んだあとにエリクソンの著書に入ると、なるほど、そういうことだったのかとうなずかれる場面が多いかと思います。難しい話をかみ砕いて伝えてくださる佐々木正美先生は、見事なことばのマジシャンだといえます。

浅学を省みず人間の発達段階研究者のビッグ3を挙げるとすると、フロイト、エリクソン、ピアジェかなと思います。なかでもエリクソンは今日の社会状況から考えて、一九〇〇年代の早い時期からまるで予言者のように、「希望」と「クライシス（危機）」をいっています。ひきこもりまでも。実にエリクソンの先見性を思います。

終わりに私が作成したエリクソンの八つの発達段階を富士山の図にしてみました。佐々木正美先生にお見せしたところ、「そうです、この通りです」と言われました。学びにお役立ていただければさいわいです。

エリクソンの研究に、そして研究をわかりやすく解説された佐々木正美先生に敬服します。

本書は人間としての成熟、幸福な生き方をする上で最高の贈り物だと思っています。

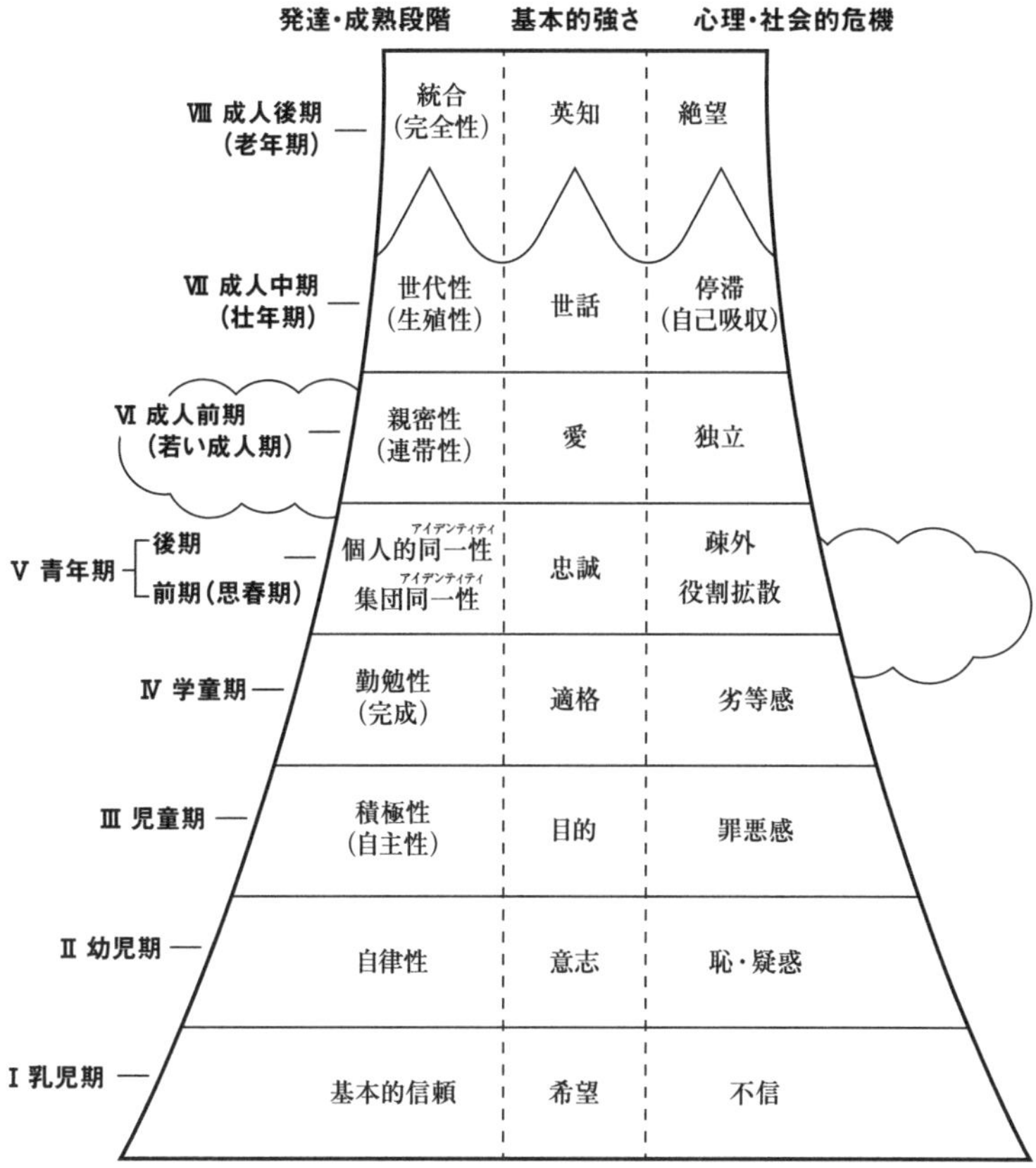
発達・成熟段階
基本的強さ
心理・社会的危機
Ⅷ 成人後期（老年期）
統合（完全性）
英知
絶望
Ⅶ 成人中期（壮年期）
世代性（生殖性）
世話
停滞（自己吸収）
Ⅵ 成人前期（若い成人期）
親密性（連帯性）
愛
独立
Ⅴ 青年期
後期
前期（思春期）
個人的同一性《アイデンティティ》
集団同一性《アイデンティティ》
忠誠
疎外
役割拡散
Ⅳ 学童期
勤勉性（完成）
適格
劣等感
Ⅲ 児童期
積極性（自主性）
目的
罪悪感
Ⅱ 幼児期
自律性
意志
恥・疑惑
Ⅰ 乳児期
基本的信頼
希望
不信

エリクソンのライフサイクル展望

佐々木正美（ささき　まさみ）
一九三五年、群馬県前橋市生まれ。新潟大学医学部を卒業後、ブリティッシュ・コロンビア大学留学。小児療育相談センターなどをへて、川崎医療福祉大学特任教授、ノースカロライナ大学医学部精神科非常勤教授を務めた。専門は児童青年精神医学。著書に『子どもへのまなざし（正・続）』『自閉症児のためのTEACCHハンドブック』『0歳からはじまる子育てノート』他多数。二〇一七年逝去。

編集協力　杉浦正明（子育て協会）
藤田　篤（一般社団法人日本知育玩具協会　木のおもちゃカルテット）

装画・挿画　照喜名隆充

装丁　金　清美（アトリエ・ハル）

ゆいぽおとでは、
ふつうの人が暮らしのなかで、
少し立ち止まって考えてみたくなることを大切にします。
テーマとなるのは、たとえば、いのち、自然、こども、歴史など。
長く読み継いでいってほしいこと、
いま残さなければ時代の谷間に消えていってしまうことを、
本というかたちをとおして読者に伝えていきます。

子どもの心が見えてくる　―エリクソンに学ぶ―

2021年9月5日　初版第1刷　発行
2023年7月6日　初版第3刷　発行

著　者　佐々木正美

発行者　ゆいぽおと
〒461-0001
名古屋市東区泉一丁目15-23
電話　052（955）8046
ファクシミリ　052（955）8047
http://www.yuiport.co.jp/

発行所　KTC中央出版
〒111-0051
東京都台東区蔵前二丁目14-14

印刷・製本　モリモト印刷株式会社

内容に関するお問い合わせ、ご注文などは、
すべて右記ゆいぽおとまでお願いします。
乱丁、落丁本はお取り替えいたします。

ISBN978-4-87758-495-5 C0037